幸せを引き寄せる

Catherine's Rule

キャサリン妃着こなしルール

にしぐち瑞穂

Mizuho Nishiguchi

GENTOSHA

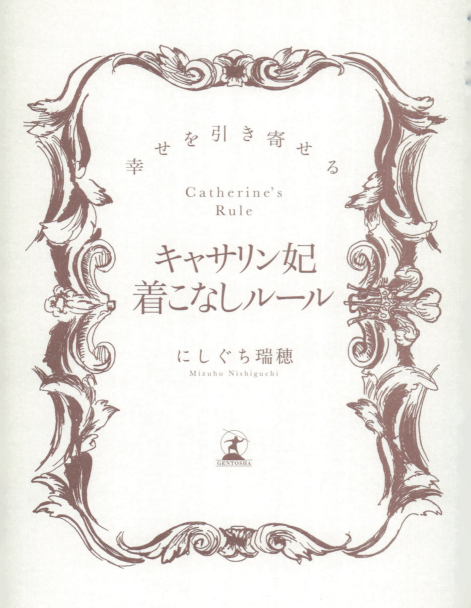

幸せを引き寄せる

Catherine's
Rule

キャサリン妃
着こなしルール

はじめに

英国のキャサリン妃の人気が止まりません。

人気のバロメーターの一つ、キャサリン妃が着用した洋服が、登場直後に完売というニュースは、相変わらず次々と報じられています。

たとえば第2子シャーロット王女お披露目の際に、ジェニー・パッカムのイエローのワンピースを着て登場した影響で、オークションサイトのイーベイでは、ワンピースの売り上げが英国では58％アップ、オーストラリアでは２０８％アップしました。しかもその際のゴージャスな巻き髪の影響で、なんとヘア・アイロンの売り上げまでもアップ。

また、ウィリアム王子のポロの試合で着用したＭＥ＋ＥＭのボーダーＴシャツは、そ

はじめに

の直後プレオーダーがかかるとあっという間に5000人待ちとなりました。

結婚から4年経《た》った今も、彼女のスタイルは依然憧れの的です。ファッションはもちろんライフスタイル、そして彼女が産んだジョージ王子やシャーロット王女への注目も含め、世界中を魅了し続けています。なぜ、キャサリン妃はそれほど世界から愛されるのでしょう？　私自身、キャサリン妃を追いかけ始めて早4年、気づけばキャサリン妃チェックが日課となるほどハマっています。そんな現象が世界各地で起きている理由を、考えてみました。

それは、キャサリン妃が幸福だという事実に尽きるのではないでしょうか。容姿がキレイということでいえば、もっとキレイな人はたくさんいるし、おしゃれということでいえば、もっとファッショナブルな人もたくさんいるでしょう。でもキャサリン妃の最大の魅力は、彼女自身がとても幸せであることです。そしてそのハッピーオーラには周囲も幸せにする力があります。キャサリン妃を囲む家族やスタッフたちは皆、愛に溢《あふ》れているし、キャサリン妃が行くところは、いつでもどこでも人が集まり、場が明るくなります。大学時代からの長い付き合いであるウィリアム王子とは、年を追うごとにラブラブ度が上がっています。そういうキャサリン妃を見ていると、やっかみを通り越して気持ち良く、幸福感に満ちてくるのです。ずばりそれが、キャサリン妃効果。キャサリン妃が世界を魅了する、いちばんの理由だと思います。

キャサリン妃がいつもハッピーでいられるのは、彼女が自分の求めるものに向かって突き進んできた結果です。そのシンデレラストーリーは、努力して手に入れてきたものであることが大きいのです。両親と弟妹、家族全員がとても仲の良い環境で育ったキャサリン妃は、庶民からロイヤルメンバーになった今も、求める幸福に対する迷いがありません。それはどんなときも、彼女の幸福の核が家族の幸せにあるからです。そこが、母ダイアナ元妃を早くに亡くしたウィリアム王子と大きく違うところで、そして僭越《せんえつ》ながら、どうやったら幸せになれるか未《いま》だわからない（！）私がすごくうらやましいと思う点です。自分が望む人生を思い描き、それを信じて行動することによってその通りになった、キャサリン妃のハッピーパワーに皆が引き寄せられてしまうのです。

かくいう私が、最初にキャサリン妃にハマったのはファッションからです。

はじめに

２０１１年4月29日に行われたウィリアム王子とのロイヤルウエディング。それ以降、何気なくキャサリン妃のファッション・チェックを始めたところ、「なんて彼女は賢いの！」と、感動したのがきっかけでした。新人ロイヤルメンバーとしての、数々の公務に合わせた彼女のワードローブ選びの妙に魅せられ、追わずにはいられなくなったのです。そこには、最近の日本人が面倒くさい！　と、守らなくなって久しいファッションのＴＰＯを楽しみながら、装っている様子が見られます。同時に、プリンセスになっても着まわしを平気でするなど、親しみやすい、リアルな一人の女性でいようとする意思も強く感じられます。

私が20年以上携わってきたスタイリストという職業は、たとえばアナウンサーのような、既にキャラクターが確立している人のスタイルを、求められている場に合わせて洋服でサポートすることを最優先させます。つまり、洋服を主役にするのではなく、あくまで人を見せる（生かす）ことが仕事。プロのスタイリストを雇わず、すべて自分で行っているというキャサリン妃のワードローブ選びには、そういうスタイリスト目線が入っていると感じました。

そこでキャサリン妃のコーディネイト術を分析してみると、ＴＰＯをわきまえつつ、世界中の老若男女すべてに好印象を与えるファッションには、驚くほどシンプルで明確なルールが存在することがわかりました。と同時にそれには、私たち日本女性でもすぐに使える、賢くて簡単なメソッドがいっぱいあることもわかりました。キャサリン妃は、その賢いファッションによって、誰からも愛されるハッピーな人生を、さらに強固なものとしていたのです。

関わる人、皆に幸せをもたらすキャサリン妃。見ているだけでもなんだかハッピーな気分になってしまうキャサリン妃。そのファッションや生き方を読みとくと、何を大切にしたら、もっと幸せになれるかのヒントがたくさん、たくさんあります。そしてその一つ一つは決して難しいことではなく、私たちも十分参考にできることです。だから本書は、既にキャサリン妃のファンの方はもちろん、もっとおしゃれになりたい、もっと幸せになりたいと願っているすべての女性に読んでもらえたら嬉しいです。そして、キャサリン妃のハッピーパワーのエッセンスを、少しでも皆様と共有できれば幸いです。

はじめに

もくじ

第1章 キャサリン妃のファッションが教えてくれること

第2章

シーン別スタイリングの楽しみ方

第3章

アイテム別ワードローブ

第4章 ロイヤルの美は一日にしてならず

第5章 キャサリン妃に学ぶ幸せの法則

第1章

キャサリン妃のファッションが教えてくれること

プリンセスがお手本になる理由

今や2児の母になっても世界中の女性からスタイル・アイコンとして憧れの的、キャサリン妃。でも、いくら貴族ではなく一般家庭に生まれ育った女性だからといって、今は英国王室の未来を担う、ウィリアム王子の妻。プリンセスのファッションが私たちの参考になるの？　と思う方もいることでしょう。

確かにキャサリン妃は未来の英国国王の妻ですが、彼女は子育てでも何でも、基本はすべて自分でやりたい、やってみるというスタンスの女性。その最たる分野がファッションです。洋服を選ぶのも買うのも自分で、コーディネイトをするのも自分です。望めばプロにすべてを任せ、皆が憧れるものばかりを揃《そろ》えてもらうことも可能なはずなのに、結婚後も変わらず、全部、自身で行っています。最近は、同年代の側近（プライベートアシスタント）で、アドバイザー役の人を置くようになったものの、最終決断はあくまでキャサリン妃自身だし、他人が決めたスタイル、ましてや流行なんてどこ吹く風、です。それが可能なのは、彼女にはぶれないポリシーがあるから。自分が着るべきもの、似合うもの、好きなものを明確にわかっているから、それが誰でもない、キャサリン妃スタイルとなるのです。

でもなぜキャサリン妃は、そこまで自分で、にこだわるのでしょう。思うに、ファッションとは、どんなプロが顧客のためだけを考えて選んだとしても、選んだ人自身が投影されてしまうことを避けられないものです。キャサリン妃の立場になって考えてみれば、人にやってもらうことは、本来の自分でない要素が入ってしまい、リアルではなくなってしまう。それが嫌なのではないでしょうか。お仕着せではないキャサリン妃のファッションは、彼女自身が投影された、生き方が象徴されたもの。そうであるために全部自分で考えている、プリンセスならずとも、その意識を持つことは大切ではないでしょうか。

大学卒業後の就職先が、英国アパレルブランドのジグソーでのバイヤー職であったことからもわかるように、キャサリン妃はもともとファッションが好き。ファッションが大好きで何でも自分で！　というと、ファッションが主張しすぎる傾向があるのですが、彼女の場合はそれがなく、とてもナチュラル。だからでしょう、キャサリン妃の大ファンにはいわゆるファッション・オタクという人は少ないのです。そこがキャサリン妃の頭の良さ、お見事なところ！　だって、彼女が支持を受けたいのは、英国でも少数派のファッション・オタクではなく、大多数の平均的な好みを持つ国民なのですから。というわけで、第1章では、私たちにも学ぶべきところがたくさんあるキャサリン妃ファッション、その抜群の賢さをたっぷり、具体的に見ていきましょう！

ケチ？ 節約家？
着まわしクイーンと呼ばれるプリンセス

プリンセスになったなら、いくらでも新しい好きな洋服を買って、着られて……なんてイメージを抱いていた私をいちばん驚かせたのが、キャサリン妃の見事ともいえる着まわし術です。

たとえば、実質的なプリンセス・デビューとなった、ロイヤルウエディングの翌朝のお目見えのとき。大昔から愛用のラルフ ローレンのジャケットにザラのワンピースという着まわしアイテムで登場し、私たちを驚かせました。それから早4年、これまで公式の場で目撃された中で、多いもので3回着用。しかも、レッドカーペットなどのシチュエーションで着るフルレングスのイヴニングドレスでさえ、何度も着用しています。そしてキャサリン妃は、同じ洋服を何度も着まわすことを厭《いと》わないどころか、むしろそれを誇りに思っているようにすら見えます。何しろ、一般にも大好評だった、エミリア・ウィックステッドのピンク色のワンピースに至っては、最初に着用して登場したわずか2週間後に再び着用。世界中が注目していることはわかっているはずですから、かなり戦略的です。ちなみに、それから2年後、なんと、そのワンピースとまったく同じデザインの色違いで登場して、またまた驚かせてくれたこともありました。

さて、そんな新人ロイヤルのあまりの着まわしっぷりに、メディアから〝ケチなプリンセス〟と形容されたこともありました。でもそれは、英国においては批判というよりもお褒めの言葉に近く、称賛の意が含まれています。というのも英国民は、プリンセスとしての品位や華やかさをウィリアム王子の妻に望みますが、それは毎回違うドレスをオーダーすることとイコールではありません。それにかかる経費は自分たちが払っているという意識が、英国民は非常に強いのです。そして一般家庭から嫁いだ〝ケイト・ミドルトンさん〟は、それを百も承知なはず。それどころか、生粋《きっすい》のイギリス人気質《かたぎ》を発揮して、高くて良いものは当たり前、少しでも安くて良いものを見つけることにより喜びを感じているように思えてなりません。

庶民感覚を持って常にリアルなファッションを心がけるキャサリン妃が、ファッション・オタクのアイコンではなく、国民のスタイルアイコンと呼ばれ、多大な経済効果を生んでいる理由はそこにあるでしょう。と同時に、上手な着まわしコーディネイトができれば、いくらでもおしゃれに見える、より賢いおしゃれさんとして評価されるということを、キャサリン妃は身をもって教えてくれているのです。

ブランドの格は気にせず、ハイ&ローのミックスを

2012年の9月、東南アジアツアーで訪れたマレーシアでのこと。国王主催の公式晩餐会《ばんさんかい》に招かれたキャサリン妃は、アレキサンダー・マックイーンのビスポーク（オーダーメイド）・ソワレを着用しました。驚いたのは、訪問国に敬意を表して、マレーシア国花のハイビスカスを金で刺繍したかなり高価なそのソワレに合わせたピアスが、当時の値段で1万円にも満たない、金メッキのピアスだったことです。国賓《こくひん》として招かれ

た晩餐会のソワレに合わせるならハイジュエリーでしょう？　それって失礼にならないの？　などといった疑問も頭に浮かんだりしますが、でもそのピアスはハイビスカスの花にリンクする葉のモチーフで、実に見事にドレスに合った賢い選択。2年目の新人ロイヤルとしての若々しさが感じられる、完璧なコーディネイトだった、とすら言えます。

このように、キャサリン妃が、ハイブランドとハイストリートブランドを合わせるなんてざら。お手頃なアマンダ ウェイクリーのワンピースに、1300ポンド近いアレキサンダー・マックイーンのベルトを合わせたり、お馴染みのザラのワンピースに、アニヤハインドマーチのクラッチを合わせて友達の結婚式に出席したり。キャサリン妃のスタイルを追えば追うほど、値段やブランドの格をまったく無視したハイ&ローのミックス・コーディネイトをしていることがわかります。キャサリン妃にとっては、ブランド名も、値段も、関係ありません。洋服、小物、それぞれが持つ特徴を感覚的に理解して、シチュエーションによってそれらをアレンジさせるセンスを持っているのです。敢《あ》えて、ハイブランドとハイストリートブランドをコラボレーションさせているかのよう。階級の残る多民族国家の王室に、一般家庭から嫁いだキャサリン妃は、ファッションでも階級（格）の異なるブランドを共存させているのかもしれません。

おそらく、故ダイアナ元妃は、ハイストリートブランドなんて着ないどころか、小物すら合わせなかったでしょう。キャサリン妃と並んで今、ファッション・アイコン的存在のモナコのシャルレーヌ公妃も同様。いつもハイブランドで決めています。私だって、せっかくプリンセスになったならそうしたいです！　だって買える身分なのですから（笑）。それに、高いものだけ買っていれば、コーディネイトだって間違いなくて安心です。でもそこがキャサリン妃のすごいところであり面白いところ。ブランドの格はお構いなしに、自分に似合うものを見つけるのが本当に上手だし、そのこと自体が好きなのだと思います。そして自分の審美眼を信じているのですね。

本当にぶれない、確固たる自分の好きなスタイルがあるから、ブランドの格を気にせずミックスできるのです。

ということはつまり、私たちも、自分の好きなものさえはっきりさせれば、値段やブランドに囚《とら》われない自由なコーディネイトができるということ。「自分の好きなものがはっきりしていない」という人は、まずはこんなふうになりたいと思う女性、憧れると思う女性を何人か思い浮かべてみましょう。そこから、共通したシルエットであったりカラーであったり、自分の好きなファッションのイメージは何かが見えてくるはずです。

アンチ断捨離は品格を生む

「本当にものを捨てませんね、キャサリン妃！」

キャサリン妃の見事な着まわし術を見ながら、私はしばしばそう感心させられています。たとえば２０１４年７月２日、ウィンブルドン観戦時に持っていたアニヤ ハインドマーチの扇形のクラッチ。久しぶりに見たぞ！　と思い、過去のスタイリングを調べたら、３年前の７月１日、カナダを訪問した際に一度だけ登場したものでした。

そんな具合に、ずっと彼女を追いかけ続けている世界のキャサリン妃ウォッチャーたちですら「そういえばそんなアイテムお持ちでしたね！」と、忘れてしまっていたような洋服や小物が、ひょっこり再登場します。新しいワードローブ登場！　と思いきや、実は結婚以前、学生時代からの愛用品であったと判明することも。２０１４年12月17日、エリザベス女王主催のクリスマスのランチにお出かけの際、耳につけていたピアスは、なんと２００７年には既につけていたと確認されたものです！　しかもキャサリン妃の妹のピッパと共有で使っていたものでした。その他にも、リサーチするのもひと苦労なほど大昔のアイテムが、ロイヤルの一員となった後ですらお目見えすることが多々あります。p18で例に出した、ラルフ ローレンのジャケットは、ブランド側すらも詳細がわからないほど昔のものでした。本当に物持ちが良いですね。

その反面、キャサリン妃は、ファッションブランドなどから贈られたものを、自分は着ないから、と言って送り返したことがあるそうです。もちろん基本ルールとして、もらったものを宣伝のために着ることはロイヤルメンバーとしてNGなわけですが、でも嫌なら着ないでいればすむこと。でも、自分の着ないものは持たない。着るものは自分で買うし、買ったものはどこまでも大事にする。という姿勢の表れでしょう。

でもこれこそは英国の精神そのもの。英国王室の皆様も同じです。たとえばエリザベス女王は、昨年（２０１４年）一年間だけでも３７５もの公務をこなすほどの方。それなのに一年に新調する靴の数はたった１、２足といわれています。ヒールやトップ部分を張り替えて、履けるところまで履いているそうです。ちなみにデザインも、50年間同じベースのものを履き続けているとか。また、英国を代表するダンディなおしゃれ紳士、チャールズ皇太子も、スーツに当て布をしてまで着続けています。クイーンを筆頭に、無駄な贅沢《ぜいたく》をとても嫌うのが英国王室の伝統です。

近年、日本では、断捨離ブームをはじめ、ものを捨てることを礼賛する流れになっているように思います。でも、その陰で、ものを徹底的に大切にする、という精神がちょっと忘れられている気がします。捨てるものを減らすためには、まず買うものを選ぶことも大切だと思います。

実は、イギリスの街中には、誰か別の必要な人の元へと渡るよう寄付された不要品を安く売るチャリティショップというものが多く存在しており、リサイクルのシステムが一般化されています。そこへ持っていけば処分しなくていいし、あるいは自分に必要なものを安く入手できる、皆がハッピーなシステムです（売り上げも難民救済などに寄付されます！）。ビクトリア・ベッカムも、娘ハーパーちゃんの着た大量のブランドの洋服をそこに寄付しています。まさかキャサリン妃がチャリティショップに出しているとは思えませんが、でももしかしたら⁉　なんて想像したら、探してみたくなってしまう私です。

お直ししてでも着続けたい服を持つ

ものを捨てない精神はわかります。でも、昔買った服は、デザイン的にもサイズ的にも着られないことのほうが多いのではないでしょうか。でもそこは着まわしプリンセス。そこまでする⁉　と驚きすら覚えたことがあります。

２０１４年春のロイヤルツアーで、ニュージーランドのクライストチャーチを訪問した際に着用した、赤に黒のリボンがついたルイーザ・パニョリのジャケット＆ワンピースのアンサンブル。この赤と黒というカラーは、地震後、町の復興や被害者家族のサポートを誓う地元団体のシンボルカラーで、それを意識して選んだわけですが、この洋服は２０１０年２月、婚約直後の公務に２ショットで登場したときに着ていたものです。でも、何かがおかしい、何かが以前と違う？　と思ってよくよく見てみると、丈が7〜8センチほど長くなり、膝《ひざ》が隠れています。4年後に丈が長くなるって一体？……その謎が解けてビックリ。なんと、2010年当時はワンピースだったものをリメイクして、スカートに作り替えていたのです！

実はキャサリン妃、このツアーの直前、エリザベス女王からスカート丈を長くするようアドバイスを受けていました。でも訪問先にはきっとこれが相応《ふさわ》しい、そして何よりお気に入り！　ということで、長めの丈のスカートにリメイクしたのではないでしょうか。

お気に入りはリメイクしてまで着続ける、その心意気？　に脱帽です。

しかも、丈を長くした結果、もともとレディライクであったスーツは、よりエレガントになり、母として今後も長く着られるデザインへと進化を遂げたのです。

明らかに学生時代から持っている英国のトラッドブランドのコートを、丈を短くして着用していたこともありました。ジョージ王子の妊娠中には、以前から愛用のコートドレスを、大きくなったお腹《なか》に対応させるべく、ウエスト部分のフックを移動させて着用していたこともあります。お直ししてまでの着まわしと、もはや意地？　執念（笑）？とさえ思うほど、徹底的に一つのものを活用しています。

最近、お直ししてまで洋服を着続ける人ってどれくらいいるでしょう。キャサリン妃のように、昔の服を捨てずにとっておいて、自分なりの洋服のルールがちゃんとあるなら、そして何よりその服が好きなら、お直ししてずっと着てあげたいものです。プリンセスだってお直ししているのですから！

ひとシーズン寝かせて、人と違うスタイル作り

日本では、ちょっとファッションに興味がある女の子なら、シーズンごとに新しいもの、流行のものを買って、というのが当たり前。でも、イギリスで常にそういう意識が

あるのはファッション業界の人ぐらい。キャサリン妃も、流行のものを着る、という意識はゼロのよう。なにしろ、初登場！　と思った洋服の多くが、前シーズン物や1年、2年、ときには数年前に買ったものということが珍しくないのですから。購入してからわざと、1年、2年寝かせて着ているのでは？　と思っています。

思うに、これはとても賢い方法です。

イギリスでだって、若者の中には流行が気になる人たちはいて、そういう人はトレンドを取り入れて安く売るファストファッションを利用します。ところが、イギリスのそういったファッションブランドの洋服は、日本ほどバリエーションが少なく、流行を意識すればするほど、人と同じようなものを着ることになってしまいます。だから、オリジナリティを求めるおしゃれ好きは、古着と組み合わせて自分らしさを表すように皆頑張っているわけです。

キャサリン妃も、流行を追わず、作られた年代にかかわらず自分のポリシーに合ったものだけを選ぶことで、キャサリン妃スタイルを作り上げました。それができるのも、大学時代に買ったものですら捨てずにとっておくという、ケチ（倹約？）精神を貫いてきたから。ただキャサリン妃の場合、ものは古くても古臭く見せないコーディネイトセンスがあるのと、特に、学生時代から、コンサバすぎじゃない？　と同級生から言われるほど趣味が徹底していることもありますが……。

結果、実際はシーズン遅れでも、流行遅れに見えない洋服を選ぶセンスも磨かれたように思います。

誰にとっても、これまで自分が買ったものがすなわち、自分のスタイル。自分の好みを見直すいい材料です。断捨離をして思い切りシンプルになるのも一つの手ですが、そろそろ自分らしいスタイルを確立したいなら、敢えて流行は追わないキャサリン妃流には多いに学ぶところがあると思います。

セールやアウトレット活用で手持ち服に「幅」

キャサリン妃が、流行を追わずに古いものも気にせず着て公務に登場するとは、既にお伝えした通りですが、さらにはどうやらセールで買っている可能性があるばかりか、アウトレットも大好きというびっくりの情報があります。セールについては、初お目見えとセールのタイミングが近いことがしばしばあるため、これはセールで買ったのでは？　とすぐに世界のキャサリン妃ウォッチャーたちの憶測を呼ぶのですが、アウトレット好きについては自身で発言しています。しかも海外ツアーで訪問しているシンガポールの大臣夫人とのおしゃべりの中で！　ロンドン郊外に初めてできたアウトレットモールに行っているということですから、イギリスのプリンセスは自由ですね。

何だって好きなものをオーダーできる立場のはずのキャサリン妃。まるで「高くていいものなんて当たり前。いかにお金をかけずにいいものを探すかが腕のみせどころ。それが楽しいの！」という声が聞こえるようです（笑）。ただ、セール品にしろそうでないにしろ、オンシーズンのものでないことが多いのは確か。なのにキャサリン妃のコーディネイトがいつも古さを感じさせないのは、彼女の選ぶものがプレーンなデザインで、かつ自分の体のラインに合うものばかりだからです（そのこだわりはこの後詳しく！）。

キャサリン妃は自分に似合うものがわかっているだろうけれど、私なんてセンスないから……と思う人もいるでしょう。でも、キャサリン妃のセレクトのルールに従えば、セールやアウトレットで買った、シーズン遅れのものでもいつでも古臭く見えないこと請け合い！　しかもお得なのですからぜひ取り入れて！

世界中から愛される秘訣は ちょいコンサバティブ

キャサリン妃のファッションを少しでもご覧になったことがある方はお気づきではな

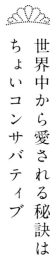

いでしょうか？　選ぶデザインのほとんどが、とてもシンプルで定番のものばかりであることを。実はここにこそ、キャサリン妃のファッションが老若男女から愛される秘密が隠れている、私はそう思っています。

キャサリン妃が選ぶデザインは、良くも悪くも冒険がないため、ときに一部のデザイナーやおしゃれ通からコンサバティブすぎてつまらないと言われることもあります。でも遊びがない代わりに、人を攻撃する棘《とげ》もありません。これは、洋服に興味のある人だけでなく、興味のない人からも支持されるために重要なこと。老若男女すべてにわかりやすく好感を得るためにも、シンプルでわかりやすいことは重要なのです。洋服で敵を作らない、好感度ファッションを狙《ねら》うなら、いちばんに押さえるべきポイントです。

ちなみに、色選びにも嫌われないポイントが。キャサリン妃の定番カラーはブルーと白。ブルーはどんな年齢や性別の人からも嫌われない色。鮮やかなロイヤルブルーから寒色系の爽やかなブルー、紺まで、幅広いバリエーションを揃えています。そして白。同年代に対しては親近感を感じさせ、シニア層には孫のよう（？）に可愛いと思わせる、いわばモテ色です。愛される秘訣は、スタイルだけでなく色選びにもあったのです。

学生時代から英国の伝統的なスタイルが多かったキャサリン妃にとって、コンサバファッションはお手のもの。きっと自分でもいちばん落ち着くスタイルでしょう。とはいえ、定番的なアイテムや色だけではときにつまらなくも古臭くも見えたりしがちです。でもそうならないのは、キャサリン妃の癒しともいわれているショッピング好きの賜物《たまもの》でしょうか？　ハイストリートブランドなど、〝今〟のファッションも常にチェックして、昔からのアイテムや伝統的定番アイテムとミックスすることで、現在の絶妙なキャサリン妃流コンサバスタイルができ上がっています。

さらにセクシーとガーリーという、普通だったら相反する好みを持っているキャサリン妃。その両者を、場面に合わせて絶妙なバランスで出したり引いたりするのが抜群に上手です。だから、女はセクシーでなければ、という欧米人からの支持のみならず、ガーリースタイルが大好きな日本人からも大人気。パーティで品良いセクシーさをアピールするスタイルから、両親受けの良いお見合い成功間違いなし的スタイルまで、なにせ敵を作らないキャサリン妃ファッションには学ぶところがたくさんあり！　です。

フィット&フレアは体形を良く見せる鉄板バランス

キャサリン妃スタイルといえばこの鉄則！〝トップスはフィット、ボトムスはフレア〟です。上半身、ウエストまでは完全に体にぴったりフィットして、スカートは裾《すそ》の広がった、しかもどんなに長くても膝丈のフレアタイプが作る、お姫様（プリンセス）ラインというのでしょうか。ドレスでも上下が別のセットアップでも、キャサリン妃スタイルをずらりと並べたら、ほとんどがこのお姫様ラインです。

このフィット&フレアのいいところは、胸・ウエスト・ヒップのラインが作り出す女性のセクシーな部分と、ガーリーな要素が、とてもいいバランスでミックスされている点。つまり、イギリス人をはじめ欧米人が好むセクシーさと、日本人が大好きな可愛らしさを同時に表現できるのがこのシルエットなのです。世界中がキャサリン妃スタイルに夢中になるのも当然です。

しかも、丈は長くても膝丈まで、というキャサリン妃が徹底しているフィット&フレアは、どんな体形の人でも素敵に見せるバランス。ヒップが大きな人も小さな人も、そのシルエットが理想的な体形を作ってくれます。それを知っていれば、体形をごまかすための重ね着からも解放されるはずです。もともとスタイルのいいキャサリン妃ですが、フィット&フレアの持つこの視覚効果をわかって洋服選びをしていることは明らか。であれば体形に自信のない方はなおのこと、洋服のシルエットのチカラを借りて、なりたいスタイルに見せてしまいましょう。

さらにスタイルを良く見せる、3対7の黄金比率！

とにかくスタイルの良いキャサリン妃。身長が約178センチで脚も長く、学生時代モデルをやっていたほどです。そんなキャサリン妃でさえ、もっとスタイルを良く見せたい！　そう思っているだろうと思わせるのが、全体のバランスのとり方。常に変わらない黄金比率で、さらに脚長に見せています。

その黄金比率とは、ウエストを中心にして、上半身が3、下半身が7の、3対7のバランスです。もっと細かくいえば、頭を1として肩からウエストまでが倍の2、ウエストから洋服の裾までが3、膝下の脛《すね》部分が3、そしてプラットフォームのハイヒールで1です。

これはあくまでそう見えるバランス、という意味であり、キャサリン妃の体形が実際そうということではありません。キャサリン妃だって、ハイヒールを脱げば4対6くらいではないでしょうか。でも、フィット&フレアの洋服バランスと、プラットフォームのハイヒールでそう見せているのです。

特にキャサリン妃の場合、いろいろお叱りは受けつつも、下ろしたロングヘアをゴージャスに巻くヘアスタイルにこだわっており、どうしても頭が重くなってバランス的にはマイナス。しかも、公務で帽子着用の機会が多いため、それによって上半身が長く見えてしまいます。それを知ってか、ウエスト位置を高くマークし、プラットフォームのヒールを愛用することで、3対7の超脚長バランスを死守しているのです。

私たち日本人には体形的なハンディがありますが、さらに髪を小さくまとめれば、キャサリン妃のスタイルに近づくことだって可能です。いちばんのポイントは、ウエストからの上半身と下半身のバランス。必ず鏡を前にして、靴を履いて、自分の〝全体〟を引きで見ることが重要です。くどいようですが、好みの体形は洋服で作るのです!

1章 キャサリン妃のファッションが教えてくれること

嫌われない柄3原則

シンプルでわかりやすい、を信条とするキャサリン妃のワードローブ。基本は無地が多いのですが、まったく柄物を着ないわけではありません。ただし彼女が着る柄は、見事なほど完全に3つのパターンに集約されており、それは、花柄、チェック、ドット（水玉）という、柄といえば誰もが思い浮かべる古典的な柄。つまりは誰にもわかりやすい、定番柄を選ぶことで、これも親近感の演出に成功しています。

しかもそれぞれに、さらなるキャサリン妃流法則が見つかりました。

花柄は、英国らしさを感じさせるマルチカラーの小花柄。大きな花柄はインパクトがありすぎ、派手に見えるため避けていると思われます。英国のガーデンにいます！　というニュアンスの小花柄は好感度ばっちりです。

チェックは、黒と緑のブラックウォッチ系のように同系色でまとめたものか、色を使ってもせいぜい2色、白とグレーや、白とイエローなど。伝統的なチェックは、あくまでシックなトーンでモダンに着こなそうというポリシーを感じます。

ドットは、白と黒の組み合わせのように、ドットの中でもさらに誰にでも似合うモノトーン系。大きさはさまざまですが、やはり極端に大きなものは見たことがありません。

キャサリン妃が愛用する、モテを意識したリアルクローズを作るデザイナーたち自体、インパクトのある柄はあまり使わないデザイナーであるともいえますが、個性の強い柄を着ない、というキャサリン妃のスタンスは本当に徹底しているのです。

とはいえ実は、キャサリン妃も結婚前は、奇抜な柄を着ていたんです。でも、ヘアスタイルに関して絶対巻き髪にこだわりたいプリンセスとしては、彫りの深い顔にゴージャスなヘアでインパクトのある柄を着たら、どうしたって派手なイメージになりがちです。着まわしという点でも、主張の強い柄は避けていると思われますが、国民に愛されるプリンセスになるために、柄は定番のこの3パターンと限定したのはさすがの選択です。

好感度と着まわしを考えるなら、キャサリン妃の柄の法則、大いに参考になります。

毎シーズン、必ずどれかは見かけるであろう、永遠の定番3パターンなので、見つけたら、自分の顔に馴染む柄を取り入れてみてください。

「後づけベルト」で女性らしさを強調

アクセサリーは極力つけない、シンプルなコーディネイトに徹するキャサリン妃ですが、ベルトが大好きです。キャサリン妃にとってベルトは、ウエストを強調して女らしさを演出するための必須アイテムであり、3対7の黄金比率を際立たせるのにも役立つからだと思います。

だから本来はベルトがついていないアイテムにも、キャサリン妃はよくベルトを使っています。たとえばプレーンなニットドレスや、ウエストラインがハッキリしないメンズライクなコートには、太めのベルトをしてアレンジします。さらには共布のベルトがついているものでも、アクセント力が足りなそうと判断したら、別のベルトで華やかさとおしゃれ度をプラスしています。目的は女らしいライン作りのためですから、とにかくウエストマーク！　というのがキャサリン妃の譲らないポイントです。

考えてみれば日本では、ベルトの太さにだって流行があって、細ベルトが流行っている時期に太めのベルトをしただけで、なんだか恥ずかしい気にさせられてしまうもの。でも、コートなどの場合ボリューム感や丈の長さを考えると、やはりベルト幅としてバランスが良いのは太め。ドレスに合わせやすいのは、約3～4センチ幅です。

そしてやはりキャサリン妃のワードローブから学べるのは、ベルトの色は洋服と同系色が基本であることと、型押しなどの素材感の違うものを、アクセサリー感覚で合わせる上手な合わせ方です。さらに、定番カラーの黒いベルトで、バックルがゴールドであったり一カ所ポイントのあるデザインを選んでおけば、シンプルな洋服のアクセントになり、まさにキャサリン妃スタイルとなって便利です。

スポーツスタイルでも「女」を忘れない

結婚後、キャサリン妃が穿いているパンツ類は、スキニーデニムのみ。その徹底ぶりはアッパレ！　と思うほどです。なぜ？　と分析すると、それはやはり、どんなときも女らしくいたいから。

スポーツ関係のイベントなど、キレイめなカジュアルが適切な公務では、そのスキニーにジャケット、そしてハイヒール（カジュアルなのでウェッジソール）というスタイルが、もはやユニフォームと思えるほど鉄板の組み合わせになっています。しかもそのジャケットも、ウエストを絞ったものでなければならず、丈は絶対腰を隠さない短めのもの。長くても腰骨ぎりぎりまでです。イギリス人にしてはそれほどお尻が大きくないキャサリン妃は、そういうタイプのジャケットを選ぶことで、お尻もしっかりあるように見えるし、脚長にも見えるのです。

スキニーの丈にもポイントがあります。それは、足首が見える丈であること。一見、靴と一体化するくらいの長さのほうが、脚長効果があるのでは？　と思いますが、その点については、ハイヒールに任せ、細い足首を見せることで女性らしさも強調していま す。というのも、首や手首、足首と、首と名のつくところは女性ならではの華奢《きゃしゃ》な魅力の象徴。スキニーから覗《のぞ》いた足首は、より細く見えて女度をアップさせるのです。と同時に、肌を隠しきらないことで、爽やかな印象も生まれます。

キャサリン妃だって、結婚前は、ロンドンの上流の子女スタイルであったスローンレンジャーの定番、ブーツカットのデニムを愛用していました。でも元来はロイヤルの女性が公務でデニムなんてありえず、さすがにブーツカットではカジュアルすぎると考えたのでしょう。スキニーにウエストを絞ったジャケットとハイヒールという計算しつくしたキレイめデニムスタイルで、今ではシニアのロイヤルファンなどのうるさ方たちにもすっかり認めさせてしまったわけです。

ちなみにインナーも、ほぼボーダーの長袖Tシャツで、結婚初年度はフリルのシャツを着用していたこともありますが、今ではそれも皆無。ボーダー・オンリーです。クローゼットを探せば、誰でも持っていそうなアイテムで、簡単に、キャサリン妃のキレイめカジュアルを再現できますね。

カジュアルスタイルでさえ女性らしさが必須という、キャサリン妃。デニムはラフだけでなくセクシーにもなりえる！　ということを証明するキャサリン妃スタイルでした。

モテるには、モード服より、女性目線のリアルな服を

モード服とは、洋服が主役。着る人もそれなりの覚悟を持たないと、洋服に負けてしまいます。

英国のお隣フランスはモード大国ですが、英国は、トラディショナルなスタイルに代

表されるようにリアルクローズが中心の国。アートやファッションにおいて世界的にも認められ、国全体がクリエイティブでありながらも、実際着る服となれば話は別なのです。英国紳士だって、モード感全開で、ともすると近寄りがたいかもしれないスタイルよりも、シンプルにセクシー追求型の洋服が好きなはずです。

ナチュラルさと親近感で国民からの人気が衰え知らずのキャサリン妃は、ファッションもまさにリアルです。間違っても老婦人の目が、「??」となってしまうような凝ったデザインの洋服は決して選びません。いかにわかりやすく、品良く見えて知的、でもちゃんとセクシーな女性に見える洋服であるかがキー。英国人にとってまさに理想的な女性像になるためです!

そこで、キャサリン妃の愛用ブランドについて、結婚から数年、だんだん安定してきた顔ぶれを眺めてみると、とても興味深いことに気づいたのです。キャサリン妃が気に入って何度も登用するようになるデザイナーは皆、女性。ウエディングドレスを誂《あつら》えたアレキサンダー・マックイーン(デザイナーがサラ・バートンに代わって以降です!)、ジェニー・パッカム、テンパリー ロンドンを筆頭に、これら以外にも圧倒的に、女性デザイナーのブランドを着用することが多いのです。

これこそは、キャサリン妃が重視している〝セクシーさ〟と大きな関係があると思います。私が思うに、男性デザイナーが女性のためにデザインする場合には、他人にどう見えるかというよりも、いかにその女性を美しく見せるかといった、〝その人自身〟を主張する意識が強いように感じます。よってモード感も強くなります。一方、女性デザイナーが女性のための洋服をデザインする場合、同性目線で、異性を含む〝他人〟にどう見えるかを意識したものづくりが潜在的になされることが多いと思います。特に英国のドレスレーベルの女性デザイナーは、セクシーなエッセンスを取り入れることが得意な人が多いのです。セクシーであることがいちばんにこない日本では多少事情が違ってくると思いますが、男性へのアピール力がある服を選びたいなら、イギリスの女性デザイナーの洋服をチェックしてみるといいかもしれません。

意識的に？　それとも本能的に？　あらゆる方向から、女性らしくセクシーでいることを追求しているキャサリン妃なのでした。

美しくおしゃれに見せるコツ、それは妥協なきサイズ選び

ハイブランドやトレンドのものばかりを着ているのではないし、色柄もきらびやかというよりはシックでベーシックなものが中心。着まわしをしているとはいえ、難しいコーディネイトをしているわけでもないキャサリン妃なのに、なぜ世界のファッション・アイコンと称されるまでになっているのでしょう。実は、これさえ押さえれば誰でもキャサリン妃スタイルに近づける絶対的ポイントがあります。

それはサイズ感。自分の体に合ったサイズを選ぶことにおいて絶対の妥協をしないということです。

いくらデザインが素敵でも、人によっては合わないデザインが存在します。特に、シ

ンプルではあっても女らしいスタイルを好むキャサリン妃のような場合は、サイズがスタイル（体形）を作るといっても過言ではないくらい、適切なサイズ感が重要です。キャサリン妃のファッションをいろいろ見ている人はわかると思いますが、彼女がダボッと体のラインを隠した洋服を着ている姿、見たことないですよね？　キャサリン妃の洋服選びは、体のボンキュッボン、という女性らしいラインが出るものに絶対的に集中しているのです。

しかもそれでいて、ロイヤルとしての公務に支障がない、動きやすい程度のゆとりが必要です。そのためには、体にぴったり添いつつ、日本でかつて流行ったようなボディコンではない、絶妙なゆとりのサイズ感があることが鉄則。だからこそサイズ選びに絶対妥協しない、これが流行を追わないキャサリン妃のスタイルが洗練されて見える、最重要ポイントです。

だからキャサリン妃は、可能な限り、お店に行ってちゃんと試着して買っています。ザラのフィッティングルームで試着しているところも目撃されています！　もちろんアレキサンダー・マックイーンなどで、体にぴったり合うビスポークもたくさん作っているわけですが、安いものだからといって、これぐらいでいいか、という妥協は絶対しないのです。

審美眼のあるキャサリン妃だってそうなのですから、洋服を購入する際は、絶対試着をすること。そしてお店の人の言葉ではなく、自分が納得するサイズのものを購入することです！　そこを妥協すると、どんなに洗練されているはずの洋服も、もっさりとした印象になってしまいます。とはいえ、どんなサイズがベストなのかさえわからない、という方もいるかもしれませんね。試着する際の見極めポイントは、いくつかあります。

まずは自宅で。鏡の前で裸になって、自分の体形の特徴をよーく知っておきましょう。そしてお店のフィッティングルームで。ワンピースやジャケットなどを選ぶポイントは大きく3つ。①は肩幅。自分の肩より大きいものはNG。②はウエスト。ウエストが絞ってあることが大前提で、その位置が自分のウエストより少し上にあるかどうかをチェックします。③は袖幅。極力自分の腕のサイズに近いものを選んで。太いものは絶対NG。なお、腕を細く見せたいなら、長袖よりも五分袖や七分袖をおすすめします！トータルでは、動けるゆとりを持つ、ボディフィットがベストです。さらにもう一つアドバイス。いろいろなブランドを試して、デザインだけでなく、体形が自分に合うブランドを見つけておくことも大切。センスのいい人は皆、やっています。

服から入る体形管理

実は、キャサリン妃、大学時代にぽっちゃり太った過去があります。だからこそ常に体形維持を人一倍気にかけて、それを象徴するかのように、女性らしい体のラインを強調する服しか着ないのです。唯一穿くデニムだって、脚のラインがまるわかりのスキニー。妊娠中ですらそのこだわりは忘れないと、公私共にボディコンシャスなスタイルに徹しています。

そのためにサイズ選びが重要とは言いましたが、そもそもは体形が肝心！　キャサリン妃の、体にぴったりした洋服選びには、常に緊張感を持つことで体形管理を怠らないように、という強い意思を感じます。実際、キャサリン妃の体形維持への執念（笑）

は相当なものですが、同時に、そもそも洋服は、自分の体に適したサイズを選ぶことで、理想の体形へ導いてくれるものでもあります。キャサリン妃もそのことを知っていると見ます！　もちろん彼女の場合は、世界中の人が見ているという意識がより体形管理をストイックにするでしょう。私たちはそこまでは無理だとしても、服から入る体形管理、これは参考になりますね。自分の体形を見つめ、好きになることが、ファッションのみならず、自信にもつながります。

とはいえファッションというものは、まずは着ている本人が楽しくなるためのもの。そんなことを考えることがむしろ苦痛になってしまう、という人は気にする必要はありません。なんといっても、いつもハッピーで幸せになるための、キャサリン妃の法則ですから！

ＴＰＯはポジティブなものとして楽しむ

ロイヤルメンバーとして英国王室を代表して活動することとなったキャサリン妃にとって、洋服は単なるおしゃれというだけでなく記号の役割も大きく、洋服のTPOを守ることはとても重要です。特に最も大役となる海外ツアーでは、宗教的な背景はもちろん、訪問国のカラーや出身デザイナーの洋服を選ぶなど、相手国への敬意を表することが要求されます。場合によっては、洋服の選択が、国家の関係をも揺るがしかねないのですから、考慮すべきことは山ほど。いっそプロに任せたほうが楽で安心では？　と小心者の私なんぞは思ってしまいます。でもキャサリン妃は、TPOをふまえて公務のファッションを選ぶことを、とても楽しんでいる、という印象を受けます。

たとえば軍関連の行事に出席する際には、ミリタリーテイストのデザインを選び、チャリティ施設を訪問して子どもたちと会う際には、場がパッと明るくなって元気づけられるようなキレイな色を選びます。趣味でもあるウィンブルドン観戦では、スコートを思い起こさせるような白のドレスなど、テニスをイメージさせる洋服をいつも上手に選んでいます。また海外ツアーを見てみると、結婚から半年後のカナダ&北米ツアーでは、赤やブルー、イエローなど全体的に鮮やかカラーでデキる女性風のシルエットが多く、新人ロイヤルとしての意気込みが感じられるものでした。翌年の東南アジアツアーの際は、一転スモーキーな控えめカラーを中心に選びつつ、訪問先を意識したエスニックテイストを取り入れていました。キャサリン妃にとって公務のＴＰＯは、規制があるからこそ選び甲斐があり、見せ場を作ってくれるチャンス。もちろん本能的なセンスがあるとは思いますが、この場面には昔買ったあの洋服とあれを合わせたらいいわ！　など、パズルを組み合わせるかのように楽しみながら、毎回着まわしコーディネイトを考えているのでは、と思います。

思うに今の日本では、ＴＰＯイコール縛りや規制。堅苦しく、ネガティブなものと捉《とら》える人のほうが圧倒的に多いようです。だからこんなにも、良くも悪くもいつでもどこでもカジュアル、という社会になってしまったのではないでしょうか。でも実は、ファッションは規制があるほうが考えやすいもの。毎日の洋服選びに悩んでいる人は多いと思いますが、ＴＰＯを軸に考えたほうが選びやすいのです。しかも好感度も絶対的にアップします。

もちろん私たちはプリンセスではないですから、がちがちに守る必要はありません。たとえばキャサリン妃は、公務のときは絶対ハイヒールですが、オフのときはほとんどスニーカー。そういうことだけでも、オンとオフのモード切り替えができて、生活にメリハリが出ます。ＴＰＯによって違う自分を演出することができるなんて楽しいと思いませんか？　キャサリン妃同様、私の中でも、ＴＰＯはポジティブなものでしかありません。

オンとオフで着る服を分ける

公務で表に出るときは、ロイヤルメンバーとして当然、しっかり装うキャサリン妃ですが、オフに関しては、本当にカジュアルというかラフです。色も、公務ではあまり着ない黒が多く、オンとオフをかなりはっきりと分けていることがわかります。というより、そのメリハリを利用して、たとえば今はプライベートであることを周囲にわからせたい、そしてそっとしておいてほしいというアピールをしているのかもしれません。さらには自分自身に対しても洋服を、「今日は公務、オンモードで頑張らなきゃ」「今日はオフ、リラックスしていい」などというスイッチにしているのかもしれません。

洋服をオンとオフのメンタル的な切り替えに利用することは、私も日頃からおすすめしていることです。仕事の日も休日も、なんとなく似たような服を着ていると、あまり変化がなく、どちらも楽しめなくなってくると思うのです。

特に、なかなかオンを楽しむことが苦手な人も多いと思うので、仕事の日には、可能な限りテンションが高くなる色を着るとか、眼鏡や時計など仕事用の小物はいいものをするとか、もしくは、週に一日は気合を入れてコーディネイトを考えてみるのもよいのでは。洋服によってオンの日が楽しみになる、そんなことを考えてみてはいかがでしょう。

また、オフの日にしか絶対着ない服というのを作れば、明日、これを着る、と考えるだけで気持ちはオフモードになってワクワクしてきます。キャサリン妃はオンがすごく華やかでオフが地味ですが、私たちだったら逆の発想ですね。

ちなみに私は、雨が降るとゆううつでテンションが下がりがちでしたが、お気に入りのレインブーツや、エリザベス女王と同じ傘を見つけてから、雨の日が楽しみになりました！

365日同じコーディネイトはしない！という挑戦を

くどいようですが、キャサリン妃は同じドレスを3回も着てしまう、堂々たる着まわしプリンセスです。でも彼女がすごいのは、頭のてっぺんからつま先まで、完全に同じコーディネイトでは絶対登場しないこと（カジュアルスタイルのときは別ですが！）。365日、毎日登場するわけではないにしても、ワードローブの基本はドレスコートやドレスというスタイルの女性が、それをやってのけるのは非常に大変なことです。別々のトップスとボトムスを組み合わせる毎日なら、もうちょっと簡単かもしれません。

でもキャサリン妃は、バッグや靴、帽子にピアスなどの小物遣いやヘアスタイルなどを必ずちょっとずつ変えて、イメージに変化をつけることに成功しています。さらに高度なワザとして、異なるブランドの同系色のワンピースやコート、ジャケットなどを上手く組み合わせて、あっと驚くような着まわしも見せてくれます。

私が特に感動したのは、白の新旧アイテムによる着まわしです。２０１１年６月４日、リースの白いノースリーブワンピースの上にジョゼフの白いノーカラージャケットを羽織って、華やかに登場。その1年後の7月8日、同じジャケットに、別の白いジョゼフのワンピースを合わせてオフィスにも合うスタイルに。また同時期の6月18日、アレキサンダー・マックイーンの白のコートの下に、前出のリースの白のワンピースを着たのですが、これがパニエのような役割を果たしてぴったり。帽子も白で、とてもロイヤルなコーディネイトでした。実はこのマックイーンのコートは、1年前に黒い帽子と合わせて既に着ていたもの、実に見事な着まわしでした。

これはほんの一例ですが、キャサリン妃はただ同じものを何度も着まわすのではなく、毎回何かを変えてコーディネイトをしています。むしろ新しいものを買うほうがよっぽど簡単というもの！　でもキャサリン妃は、小さな女の子が着せ替え人形で遊ぶが如《ごと》く、持っているアイテムでのコーディネイトを楽しんでいるようです。だから英国民は好感を持つし、海を越えた私たちも飽きることなく、彼女の次なる着まわしを楽しめるのですが、キャサリン妃自身そういうコーディネイトを繰り返してきたことで、プロ顔負けのセンスを磨いてきたのではないかと思います。

かくいう私も実は経験済みで、そのポジティブな効果も実感しています。ちょうどキャサリン妃のご成婚の頃から約1年、新しい洋服は一点も買わず、持っているものだけでコーディネイトをする。しかも同じコーディネイトはしないと決め、毎日写真を撮りました。最初は大変でしたが、毎晩次の日の組み合わせを一生懸命考えるうちに、だんだんそれを着る翌朝が楽しみになってきました。実は当時の私は何かと落ち込みがちだったのですが、この日課によって元気になり、さらにはキャサリン妃効果も重なって、運もアップしていったのです。

皆さんも持っているアイテムを駆使して、どこまで毎日違うコーディネイトができるか、挑戦してみたらいかがでしょう。キャサリン妃のように着まわしセンスが身に付くこと、間違いなしです。

ちなみに、キャサリン妃は、これだけ膨大な数のコーディネイトをこなしながら、いったいどうやって前とかぶらないように管理しているのでしょうか。いつかキャサリン妃に会うことができたならぜひぜひ聞いてみたい質問の筆頭です！

第2章

シーン別スタイリングの楽しみ方

オンは華やか、オフはシックが基本です

1章で、キャサリン妃はロイヤルとして完璧にＴＰＯに合った装いをしなければいけないことをポジティブに捉えている、とお伝えしました。この章では、彼女が日々の公務で訪問先や目的に合わせた洋服選びを楽しんでいることを具体的にわかっていただけるよう、公務を中心にスタイリングの特徴を解説します。1章で説明したポイントが、どのように活かされているかも、ぜひチェックしてみてください。

ロイヤルの公務はチャリティ関連が多く、派手になりすぎないことはもちろんなのですが、それよりもむしろ、暗くならないことがとても大切です。ですから、公務の洋服選びの大きな特徴は、カラフルなものが多いこと。その反動か、オフタイムではダークカラーの落ち着いたものが中心になります。きっとキャサリン妃も、街中に自然に馴染むようなリアルなスタイルで、私たち同様に普通の時間を楽しみたいのでは、と考えられます。だからオンは華やかでオフはナチュラル。そのメリハリは、私たちに単なるプリンセス・ファッションへの羨望《せんぼう》だけでなく、共感をも与えてくれるのではないでしょうか。

どんなシーンにも、私たちもＴＰＯを考慮したファッションを楽しめるヒントが隠されていますから、ぜひチャレンジしてください！

シーン別コレクション

scene 1

ガラのイヴニングドレスは引き算で

プリンセスだからといって期待するほどフルレングスのソワレを着る機会は意外と少ないキャサリン妃。でもここぞというガラでは、英国を代表するアレキサンダー・マックイーンのビスポーク、もしくは愛用の英国ブランド、ジェニー・パッカムやテンパリー ロンドン（写真。過去3回着用し、国民にも人気）のドレスを選びます。ブランドは異なっても共通するのは、ゴージャスな場に相応しい華やかさはチュールやレースなどの素材で表現しつつ、デザインはあくまでシンプル、色も母になって以降、黒などシックなカラーを選ぶ傾向。セクシーさもマストなのでデコルテはしっかり見せますが、その代わり七分袖を選んで、腕の露出は控えます。そしてピアスは必ずつけてもネックレスやブレスレットはたまにと、ジュエリーも引き算がお約束。

＊ 日本でも行われるチャリティガラに参加し、プリンセス気分に浸ってみては☆

scene 2

晴れの王室行事はキレイなパステル色

エリザベス女王の公式誕生日や、エリザベス女王が楽しみにしているガーデンパーティなど、女王のための晴れのイベントのときは、にごりのないキレイな色。アレキサンダー・マックイーンのピンク（写真）を筆頭に、ブルーやイエローなど、見ているだけで楽しくなるパステルカラーのものを着用します。おそらく、新人ロイヤルメンバーという立ち位置を考え、初々しい装いに徹しようと考えているのです。そして、女王の誕生日用には絶対着まわしをせず、新しい服をビスポーク。帽子も、ふだんは小さめのものが多い彼女ですが、つばを広く、レースやリボンなどの装飾も大きめ。いつもより華やかにして、女王への敬意を表しています。ただしピアスはパールにして、華と品のバランスをとることも忘れていません。

＊ デートやお見合い・結婚式出席の際に参考にすれば、密《ひそ》かに注目を浴びるはず☆

scene 3

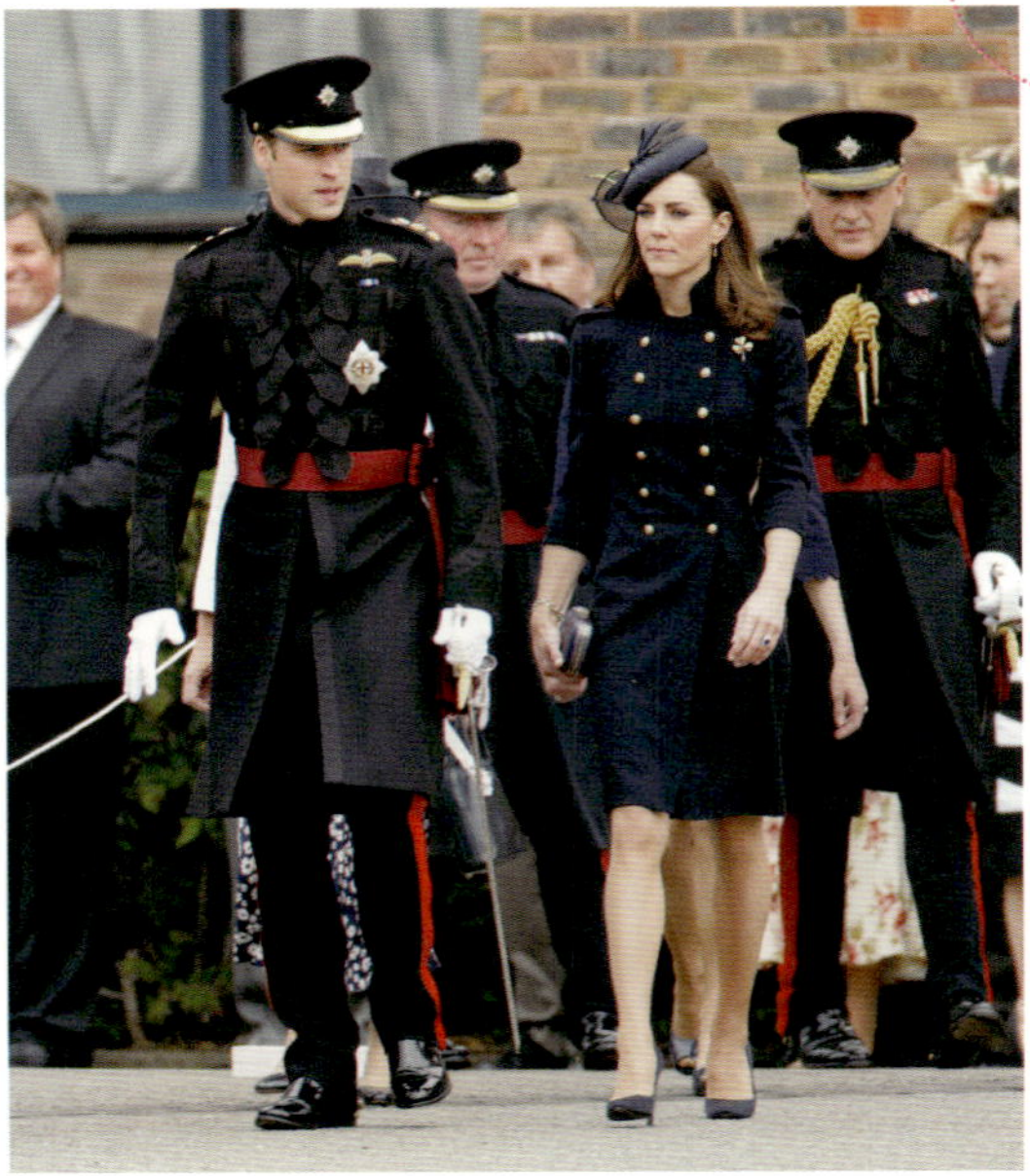

ミリタリー関連の王室行事はダークに

英国王室にはガーター勲章の授与式や第一次世界大戦戦没者追悼式など、年間いくつものミリタリー関連の恒例行事があります。その際は、露出控えめはもちろん、ツイードやチェックなど、基本、英国を代表する素材や柄のものを選びます。また英連隊の勲章授与式には、軍隊の制服のような、紺に金ボタンがずらりとついたアレキサンダー・マックイーンのコート（写真）を着たり、アイルランドの守護聖人、聖パトリック・デイの式典には、アイリッシュカラーの緑のコートを着たりと、まるでコスプレ感覚でお楽しみのよう!?　なお公務では基本、黒を着ないのがロイヤルのルールですが、第一次世界大戦戦没者追悼式のときだけは黒を着用し、帽子にちょっと華やかなチャームをつけて式典らしさを出しています。

＊フォーマルな仕事環境や、シニアの方々との、賢いお仕事スタイルに☆

scene 4

オープニングレセプションは適度な華を

人気の高いキャサリン妃は、たとえば美術館のギャラリーのオープニングやチャリティ・イベントなど、オープニングレセプションの主賓として招かれることも多々。そんなときの装いは、華やかさが命でありつつトゥマッチは厳禁。シルエットはお得意のシンプルでプリンセスらしいフィット&フレア。色はブルーや白など爽やかな控えめ系にしつつ、レースや光沢のある生地で華やかさも演出するなどの配慮をします。特にチャリティ系のイベントでは、主賓としての華は必要でも、目的は自分が目立つことではないと心得ているので、あくまでも上品にさり気ない存在感を出すよう心掛けるのです。だからここでもアクセサリーはピアスのみ、というのが鉄則です（写真の洋服はエミリア・ウィックステッド）。

＊ 結婚式のゲスト服や、オペラ・バレエ鑑賞、クラシックコンサートにも☆

scene 5

病院やホスピス訪問は暖かみのある色でチアアップ

難病の子どもとその家族のサポートをする団体のパトロンを務めるキャサリン妃。病院訪問や、恵まれない環境にいる子どもたちの施設を訪れることも積極的です。そういう場面で着るのは、ワンピースや一枚で着られるコートがほとんどですが、重要なのは色！　苦しんでいる子どもや家族、寂しい思いをしている子どもたちに会うのに冷たい印象を与える色は論外。彼らを元気づけるために、ピンクやオレンジなどの明るい色、赤やボルドーなど暖かい色を中心に選びます。靴もヌードカラーと、あくまで温《ぬく》もりカラーで揃えます。そしてヘアスタイルも、柔らかく巻いたダウンヘアやポニーテールなど、トータルで親近感のあるコーディネイトを心がけています（写真のコートはタラ・ジャーモン）。

＊ 同性うけも良くて、女子会やデートなどオールシーンで好感度アップ間違いなし☆

scene 6

クイーンに同行する公務は、前に出ないコーディネイト

プリンセスになったからといって、すぐにエリザベス女王と2人の公務に出られるわけではありません。キャサリン妃の場合は結婚からほぼ1年後、初めて、エリザベス女王のダイヤモンドジュビリーツアーの初日に、ウィリアム王子の同行なしで同伴が叶《かな》いました。そんな場合は、あくまでクイーンを立てる、控えめな洋服を着用。シルエットでいえば、フィット&フレアよりシャープな印象のソフトなボディコンシャスやAライン。基本、鮮やかな色を着用するクイーンを目立たせるために、色はダークグリーンや落ち着きのあるブルー。帽子などの小物は黒や茶。浮かれた感じはゼロで、一般でいえば普通にオフィスで着ていてもおかしくないような仕事服で対応します（写真はL.K.ベネットのアンサンブル）。

＊ デキる後輩風お仕事スタイル。上司・先輩に同行する際に☆

scene 7

スポーツ系の公務は ブルーのワンピースを制服のように

2012年のロンドン・パラリンピックのアンバサダーを務めたり、スポーツ関連のチャリティ・イベントに出席する機会も多いキャサリン妃。面白いのは、そんなときにはロイヤルブルーのワンピースに紺のジャケットをコーディネイトして着用する率が非常に高いこと。これならスポーツ観戦もできるし、その後選手やスタッフと歓談、という場面にもぴったりです。だからでしょうか、まるでそれをスポーツ系公務の制服と決めているかのよう。特にステラ・マッカートニーのワンピース（写真）は鉄板アイテムです。小物は紺のジャケットに合わせて、紺のウェッジソールパンプスに紺のクラッチで統一。そして髪もキレイに巻いて、毛先まで爽やかにきちんと感を保っています。

＊ オフィスで好感度絶大！　爽やかお姉さんスタイルの参考に☆

scene 8

自ら参加の公務では鉄板のコーディネイト

もともとスポーツ少女で、さまざまなスポーツをこなしてきた運動神経抜群のキャサリン妃。その経歴故《ゆえ》でしょうか、パトロンを務める「スポーツエイド」のワークショップでバレーボールをするなど、予定されているのか飛び入りなのか、スポーツに参加することが少なくありません。そんな可能性がありそうなときに着ているのが、スキニーに動きやすいボーダーTシャツ、紺のジャケットという、鉄板コーディネイト。もちろん、そんな場合でも靴は紺のウェッジソールパンプス、ヒール11.5cm（写真。スチュワート・ワイツマン）です。底が安定しているのでこれを履けば跳んだりはねたり走ったりは思いのまま。アクセサリーはピアスのみですが、逆にいえば、ピアスだけは常にしているのがキャサリン妃です。

＊ 身近なアイテムですぐ真似できる、活動的な一日にも楽チンスタイル☆

scene 9

ロイヤルツアーでは相手国を徹底研究

ファッションも外交、を代表するのが、海外の国々を回るロイヤルツアーという大舞台。訪問する国や土地を象徴する色や花、植物を取り入れた洋服を用意し、その国出身のデザイナーの洋服を着るなどして、訪れた場所への敬意を表します。たとえばカナダなら国旗の赤のワンピース、シンガポールなら国の花の蘭のプリント、ニュージーランドなら出身デザイナー、エミリア・ウィクステッドのものをビスポークするなど、ファッションを楽しみながら外交をサポートします。また英連邦の島国ツバルを訪れた際は、贈られるだろう花輪の色を計算した色の洋服を着用（写真のコートはキャサリン・ウォーカー。胸に訪問国ニュージーランドのシンボル、シダの葉のブローチを）。

＊ 訪問先、クライアントに合わせるときのヒントに☆

scene 10

ロイヤルツアーでは英国の宝もアピール

マレーシアでの公式晩餐会のためにはアレキサンダー・マックイーンでイヴニングドレスをビスポーク（写真）。ドレスにマレーシアの花ハイビスカスを金で刺繍して、最大限の敬意を表すると同時に、英国を代表するブランドをアピール。ちなみに同じマレーシアで、イスラム教のモスクに入るために、ワンピースの色に合わせたヘッドスカーフを用意して被《かぶ》り、宗教的配慮を見せたのは当然のことですが、なんとその装いは色からデザインから、16年前にダイアナ元妃がイスラム国であるパキスタンを訪ねた際の洋服とそっくりでした。尊敬してやまない義理の母を意識した装いもときどきして、英国の花といわれたダイアナ元妃を人々の記憶にいつまでも、というキャサリン妃の心が感じられます。

＊ファミリーヒストリーや家族への思いもこっそり取り入れて☆

scene
11

本格的なアウトドアだってOKのプリンセス

雪の降る中で行われていたスカウトのキャンプに参加し、子どもたちと雪の中で料理をするというアウトドア活動までもプリンセスの公務です。でも大丈夫。8歳でブラウニー（女子のスカウト）に入団してしっかり活動していたキャサリン妃は、スポーツばかりかアウトドア活動も大好き。英国の老舗アウトドアブランド、バブアーの本格的なアウター（写真）といつものスキニーで、雪の地べたにも気にせず座り込んで、子どもたちの指導にいそしみます。とはいえ、スカウトのスカーフやキャスケット、フランスブランドの長靴を履いて（プリンセスになる前から持っているので、それを捨ててまで英国製を買う、ということはしません）、地味な中にもおしゃれを楽しみ、もちろん耳にはスタッズダイヤモンドのピアスも忘れません。

＊ アウトドアシーンから、愛犬とのお散歩まで、幅広いオフシーンに☆

scene 12

クリスマスはクリスマスらしさを楽しみます

英国王室メンバーの皆様は、12月25日の朝、サンドリンガムの教会でクリスマスの礼拝に参加するのが毎年恒例の行事です。実は、結構ベタなものを愛するキャサリン妃。初参加の2011年と翌2012年の2回は、ザ・クリスマスカラーの赤（ボルドーに近い、落ち着いた赤ですが）のコートを着用して季節感を楽しんでいました。このマインドはその後も健在。2013年は、やはりザ・クリスマスカラーの緑のタータンチェックのコート。2014年は、茶色のツイードのロングコートと、常に英国のクリスマス的な色やディテールにこだわっています。クリスマスはベタすぎるほど直球で装うのが楽しい、そう思わせてくれるキャサリン妃です（写真は2011年。女王専属の仕立て職人によるコート）。

＊ クリスマスやバレンタインデーなど、季節のイベントは直球勝負で☆

scene 13

洗礼式には自分のママとしての変化も感じさせて

洗礼式は家族の儀式。特にキャサリン妃たちは完全プライベートという意識でメディアをシャットアウトします。でも教会に入るまでは世界中が注目していることもわかっており、オフでありつつオンの意識が装いに反映されます。記念すべき日なので、ジョージ王子のときもシャーロット王女のとき（写真）も、ここぞというときのアレキサンダー・マックイーンでビスポーク。色は王子たちが着用する、クリーム色の王室伝統の洗礼式のガウンに合わせた白やクリーム色にしつつデザインは主役より控えめ。そしてプリンスのときは新米ママらしくフリルつきのセットアップで甘め、プリンセスのときは、少し貫禄のついたママに見えるエレガントなデザインに、と、自身の成長を装いに反映させているかのようでした。

＊ キャサリン妃のちょっとした配慮を、愛息・愛娘が主役の行事のヒントに☆

scene 14

お忍びショッピングは目立たないスタイルで

　この写真は正真正銘のオフ、買い物中のキャサリン妃の貴重なショットです。たまに目撃される彼女のショッピング時の装いは、目立たないモノトーンが基本。ザラの白のシャツとスキニーや、試着時に着替えやすそうな黒のラップドレス。上にトレンチコート（写真。ブランドは不明）を羽織り、靴は公務では絶対履かないバレエシューズと、公務とは全然異なる親近感のある装いでリアルな生活を楽しんでいます。バッグもオフは、クラッチではなく普通のバッグ。でもやはり、トッズのグレーのボストンか、マルベリーの黒の書類型、ほぼこの2つしか目撃されておらず、長く使っているようでいい味も出ています（笑）。そして、オフなのでプロの手を借りず、自分でざっくりまとめたポニーテールも注目ポイントです。

＊ 誰でも今すぐ真似のできる、キャサリン妃のナチュラルシックスタイル☆

scene 15

子育てでもあの定番スタイルを着まわし?

ジョージ王子と遊んでいるときのキャサリン妃は、スポーツ公務の代表スタイルと同じ、ボーダー Tシャツにスキニーというコーディネイトが基本です。足元だけ、ウェッジソールパンプスではなく、ミントベルベットのグレーのスエードスニーカーか、セバゴのベージュ×白のデッキシューズ。王子と一緒に土手でもどこでも座ってしまうアクティブ・ママなので、やはり何といっても動きやすいことと、洗いやすいこともいちばん? 子育て中の装いは、私たちとまったく一緒の考え方ですね。これに、ジバンシィかレイバンのサングラスをするのも鉄板です。面白いことに、完全カジュアルなママに対してジョージ王子はたいてい襟つきシャツを着ており、息子にはきちんとした格好をさせたい! というこだわりがあるよう!

＊ 手持ちの服であなたも子育てをエンジョイできるスタイルに!

第3章

アイテム別ワードローブ

なりきりキャサリン妃を可能にする鉄板アイテム集

第2章では、シーン別のスタイリングをキャサリン妃がいかに楽しんでいるか見ていただきました。続くこの章では、キャサリン妃流コーディネイトを構成する、鉄板アイテムをピックアップ。それぞれのアイテムに見える彼女のこだわりを解説します。

いわば、キャサリン妃のワードローブの鉄板アイテム集。一つ一つにキャサリン妃を形作る要素が入っているだけでなく、私たちがまったく手に届かないような特別なものは一つもないところが、さすが、リアル・プリンセス、キャサリン妃です（ウィリアム王子からもらった婚約指輪は別ですが！）。

それどころか、むしろ、私たちでも持ってる！　と思えるようなアイテムばかり。シンプルな定番が多いということが、イラストを通して改めて納得していただけるのではないでしょうか。

キャサリン妃スタイルのマストキーであるシルエットなどのポイントも、イラストでわかりやすくご覧いただけるので、ブランドに関係なく、明日からのショッピングの参考になるはず。これであなたも、好感度の高いキャサリン妃ファッションに近づけるでしょう！

アイテム別コレクション

フィット＆フレアのワンピース

キャサリン妃のワードローブで最も代表的なアイテムの一つがフィット＆フレアのワンピース。上半身はコンパクトで、ウエストからスカートがふわっと広がり、丈は長くても膝までが基本。そしてウエスト位置は本来のウエストより高めで、絞ってあるのが絶対条件です。襟はクルーネックやVネックなどプレーンなデザインがほとんどで、さらにキャサリン妃のこだわりが窺《うかが》えるのが袖。一枚で着るワンピースは、セクシーになりすぎないようにノースリーブではなく、細めの五分袖もしくはフレンチスリーブを選ぶことで、腕がすっきり見えてエレガントな印象を与えます。色や素材、ブランドもさまざまですが、シルエットが甘めなので黒を着ても地味にならず、よりガーリーさを出したいなら、キャサリン妃もよく選ぶ素材、カットワークがおすすめ。彼女も公務からオフまで活用する、一枚持っていると便利なアイテムです。

ソフトなボディコンシャスのワンピース

いわゆるピチピチのボディコンではない、あくまでソフトなボディコンシャスのワンピース。女性らしいセクシーな体に見せるシルエットの代表として、キャサリン妃が昔から愛用しているアイテムです。絞ったウエストからヒップにかけてはふんわり広がりつつも、裾にかけてすぼまっているタイトなシルエット。丈は膝丈もしくは膝上。襟はクルーネックやスクエアカット、袖も半袖か七分袖。ラインがシンプルなので、ウエストにポイントのあるデザインやベルトのついているもの、ヒップ周りにペプラムがあるものを選ぶこともしばしば。特徴的なのは色選び。明るい色、ただしパステルではなく鮮やかな色を選んで、デキる女性をイメージさせているかのよう。実際このタイプのワンピース、日本では多くないのですが、イギリスでは自立した女性のお仕事服として一般的。L.K.ベネットやリース、アーデム、ゴートなど、働く女性に支持されるブランドのものがメインです。

Jenny Packham

ガウン（ソワレ）

キャサリン妃のソワレ選びの特徴は、深いVの胸元やオフショルダーなどでセクシーさはしっかり演出しつつも、袖ありで、露出はほどほどに抑えたものであること。お約束のウエストマークで、ウエストから裾に向かってはふんわりしつつ、デザイン的にはフェミニンより圧倒的にシンプル傾向です。色も、結婚当初こそは赤やエメラルドグリーンなどいろいろありましたが、だんだん落ち着いて黒などシックな色が増え、レースやチュールなど柔らかい素材がお好み。レースの透け感を生かして、露出は少なくセクシーに見せるものも得意です。よく着るブランドは、ジェニー・パッカムやテンパリー ロンドンなど一般人でも手の届くもの（イギリスでは、プリンセスでなくともソワレを着る機会が多く、デパートでも普通にフルレングスのドレスを売っています）。またハイブランドではアレキサンダー・マックイーンのビスポークがメインです。

Beulah London

ALEXANDER McQUEEN

フィット&フレアのコート

コートといっても、防寒のためのいわゆるコートではなく、前を全部閉めれば、ワンピースのように見えて一枚で着られるもの。年間を通して寒い日の多い英国で、屋外での公務の多いロイヤルにとってなくてはならないアイテム。ときにはコートドレスと呼ばれ、キャサリン妃にとっても最も多いアイテムです。そんな必須アイテム、コートも、やはりフィット&フレアのエレガントなタイプが多く、ルールは基本、ワンピースと同じ。違うのは襟がテーラードであること。色や素材のヴァリエーションは広いですが、柄は英国らしいチェック、そして素材はツイードを選択することも多いよう。近年特に、国賓を迎えるような公務では、色を抑えながら華があって相応しいと、アレキサンダー・マックイーンのビスポークが増えています。またこのタイプは、妊娠中でも、インナーにニットを着てフックを外して、という形でも着られ、着まわししやすいアイテムです。

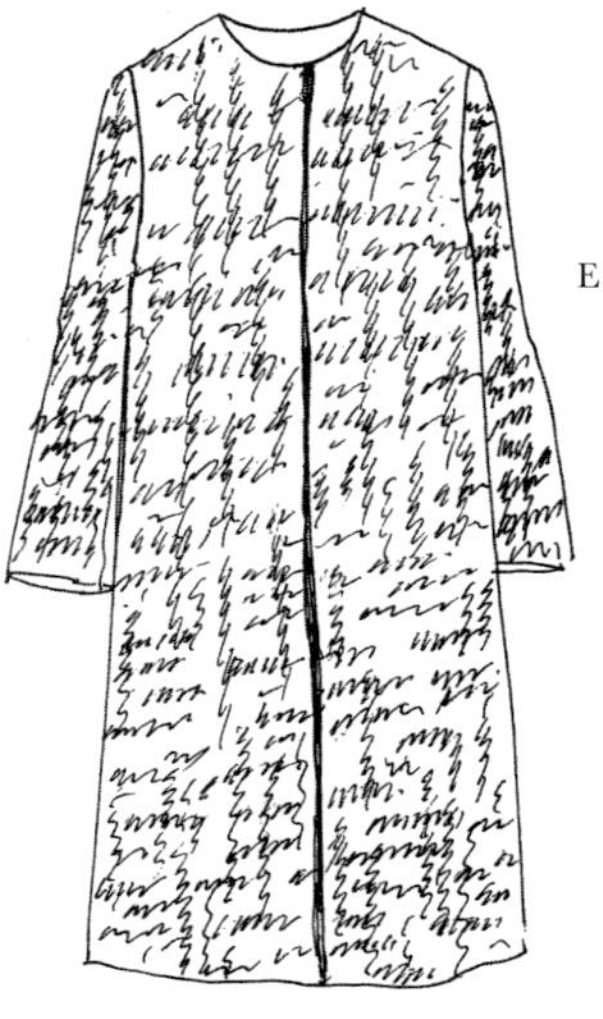

EMILIA WICKSTEAD

ノーカラーのコート

シンプルなAラインのノーカラーコートをとても愛用するキャサリン妃。お腹が大きくなっても着られるので、ジョージ王子を妊娠中の頃から特に増えてきました。また中にワンピースを着て、前を開けてもキレイに着られるので、エイジレスで活用できる便利アイテムです。ただ、キャサリン妃がノーカラーのコートはほとんど膝上、結構短い丈のものを選んでいることからもわかるように、長いとバランスが悪く、老けて見えるので注意も必要。そして肩から胸にかけてのラインが体にキレイに添っていないと太って見えます。袖も細めを選ぶのがポイントです。またデザインがとにかくシンプルなので、色がベーシックだと地味になりがち。キャサリン妃はパステル系を多く選び、爽やかなエレガンスを感じさせています。アニマル柄のコートを着て、プリンセスなのに！　と驚かされたことがありますが、その柄の効果で妊娠中のお腹が目立たなかったという、実は賢い選択でした。

L.K.Bennett

ムートンのコート

なかなかわからないキャサリン妃のオフスタイル。でも、寒い冬の日、プライベートで外出する際に着るアウターはムートンのコート2着。おそらくこれだけです。1つは以前から持っているL.K.ベネットの茶色のコートで、ヒップ丈というショートタイプ。コートでもウエストを絞ったものだから、デニムに合わせても野暮ったく見えないのはさすが。近所の散歩でもスキーでも、ほとんどこれ1着です。そして数年前増えたもう1着が、ムートンにレザーを組み合わせた、膝丈、襟付の黒のコート(テンパリー ロンドン)。こちらはワンピースなど、オフでもエレガントめな装いのときに着用し、ロングブーツを合わせています。非常にベーシックな形で、年齢に関係なく着られそうですが、体を覆う分量の多いロングコートだからこそ、サイズ感が合っていることが大切ですね。そして定番色(黒、こげ茶)にしているキャサリン妃の選択は賢いです。

ZARA

紺のテーラードジャケット

キャサリン妃のキレイめカジュアルを語るうえで外せないのがこれ。色は紺、ダブルの金ボタンにテーラード、ウエストは当然絞ってあり、丈は長くても腰骨までのショート丈がお約束。これまでエミリオ プッチ、スマイス、ザラなどの紺ジャケが登場していますが、知名度、値段に関係なく見事にこのルールにのっとっています。このジャケットを着れば、どんな寸胴《ずんどう》でも腰にくびれのある体型に見え、スキニーとウェッジソールを合わせればもれなく脚長に見える優秀アイテム。スキニーとボーダーというカジュアルな組み合わせも、このジャケット一枚でそれなりにきちんとした装いになるから本当に便利です。ちなみにエミリオ プッチはタイトスカートとのセットアップ。胸の開き具合いによりますが、キャサリン妃がオリンピック行事で見せたように、インナーを見せないようにして上下で着ればセクシーなデキる女性を演出できる、一つ持っていたいセットです。

RALPH LAUREN

ノーカラージャケット

紺のテーラードジャケットと並ぶ代表的アイテム、ノーカラージャケット。というよりジャケットはほぼこの2種類のみですが、こちらは黒と白の2着。黒のほうはラルフ ローレン。おそらく2005年頃発売のかなり古いものですが、これが何度も何度も着まわしに登場する、活躍アイテムです。その特徴は、ウエストよりちょっとだけ下のショート丈と、華やかさと同時に使いやすさもポイントの七分袖。表面積が小さく、体が小ぶりに見えるコンパクト感が、キャサリン妃の好きなワンピースにぴったり合うのです。白のほうはジョゼフで、こちらの条件も同じ。やはり着まわしアイテムに。黒や白という超定番カラーであることも、活用しやすい理由です(実は同じ条件のピンクのノーカラージャケットも一度だけ登場)。キャサリン妃はしていませんが、パンツと合わせても素敵。コンパクトなノーカラーのジャケットは永遠の定番アイテムです。

セットアップ

基本はワンピースやコートという一枚で着られるもの、もしくはスーツかセットアップということがほとんどのキャサリン妃。やはり上下セットのほうがロイヤルらしいからでしょう。セットアップで多いのは、テーラードジャケットやブラウスのようなトップス、もしくはVネックのニットにフレアスカートを組み合わせた、鉄板のフィット&フレアのシルエットを作るもの。またはノーカラーやフラットカラーなどのジャケットと、ワンピースやスカートを合わせる、誰が見てもコンサバなスタイルが中心。私たちも一つ持っていれば、セットはもちろん、単品コーディネイトに使えるので便利なアイテムです。さらにおしゃれ上級者のキャサリン妃は、セットのワンピースを長め丈のスカートにお直しし、新たなセットアップに作り替えたり、異なるブランドの同色トップスとボトムスを組み合わせて、あたかもセットアップのように見せたりもしています。

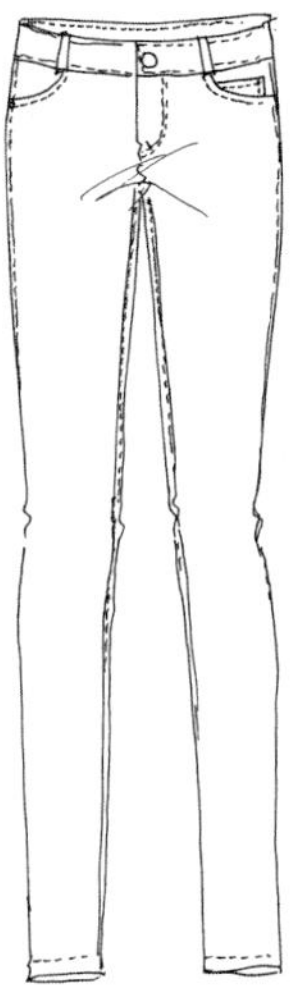

ZARA

パンツ

キャサリン妃のパンツといえばスキニージーンズ。膝下が細めのテーパードシルエット、ストレッチ入りのスキニーを愛用。しかも色は黒かデニムブルー限定で、特に近年はブルーに集中。さらには、必ず引き締まった足首を見せるその丈にも強いこだわりがあるようです。ブランドはJブランドとザラがほとんどで、最近加わったらしいのがME＋EM。オンもオフも、パンツといえば見事にスキニー・オンリーで、なんと妊娠中もスキニーを穿いていました！　スキニーなら、ジャケットやウェッジソールパンプスを合わせれば、セクシーできちんと感もあって、内容によっては公務もOKということを見出したのでしょう。スポーツをするときはデッキシューズを履くこともありますが、スキニー＋紺ジャケ＋ウェッジソールパンプスの組み合わせは、キャサリン妃が確立したスタイルといえます。カジュアルスタイルでもセクシーに！　という気概の象徴がスキニーです。

GIVENCHY

ME+EM

ボーダーＴシャツ

スキニー＋紺ジャケ＋ウェッジソールパンプスというキャサリン妃流カジュアルを完成させるのがボーダーＴシャツ。ラルフ ローレンの長袖ニットやアレキサンダー・マックイーンのノースリーブニットも持っている中、最もヘビーユーズなのがＭＥ＋ＥＭの白地にコバルトブルーのボーダーＴの鉄板アイテムです。愛用の理由は、Ｔシャツでもウエストを絞ってあり、袖も腕にぴったりフィット。体のラインをキレイに見せるものだからでしょう。光沢感があって柔らかい、日本でいうテンセル素材だからこそシルエットやドレープがキレイに出るのです。ちなみにずっと白地にブルー一本でしたが、２０１５年春にコバルトブルー地に白のバージョンを着て登場。それが産後６週間とは思えないスリムな体に見えたことから、Ｔシャツの着痩せ効果？　とイギリスの新聞で取り上げられて、あっという間に完売アイテムに。永遠の定番アイテムもサイズ感が重要ということは忘れずに！

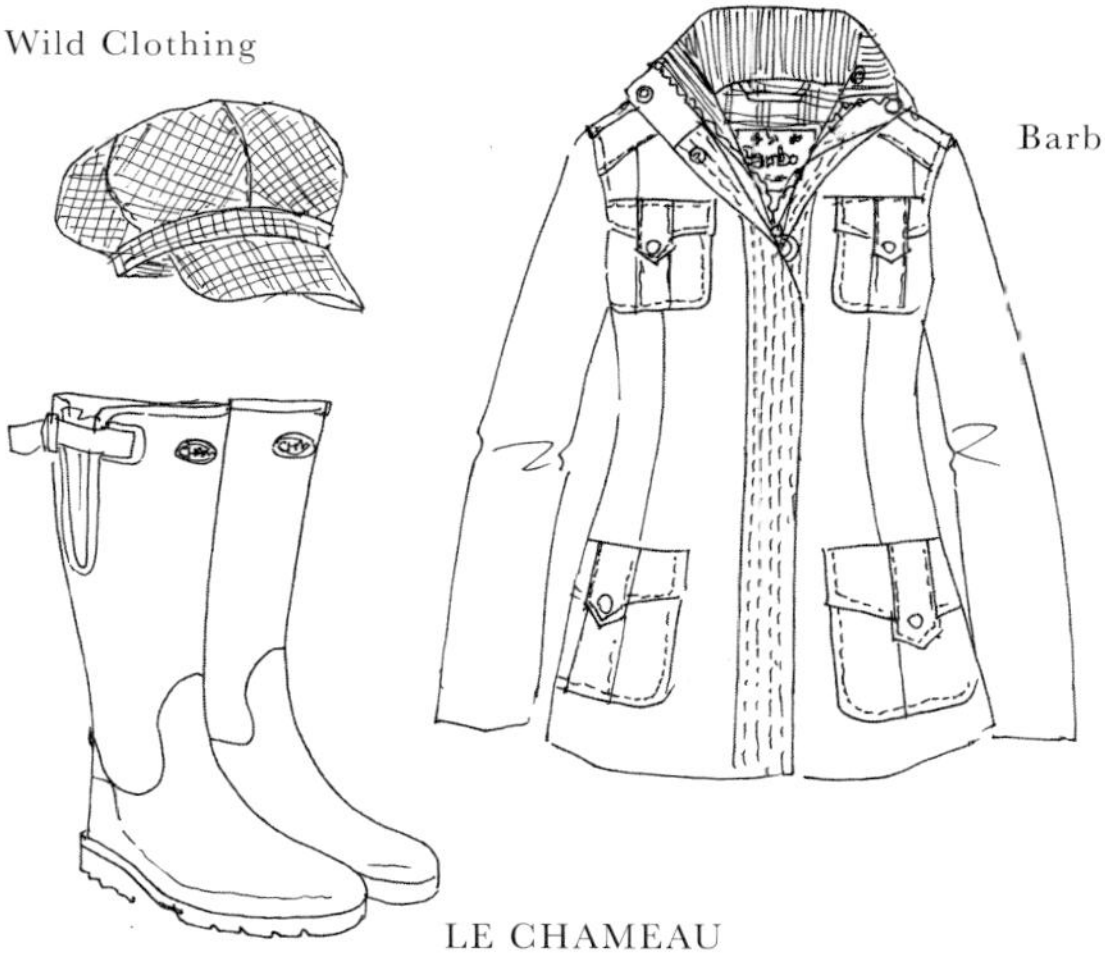

アウトドアのアウター

公務に、本格的なアウトドアでのボランティア活動がある英国。そんなとき、自然大好きなキャサリン妃は、日頃から愛用のアイテムを着用して登場。その代表が、英国の上流階級御用達のアウトドアブランド、バブアーのオイルクロスのジャケットや、同じく英国の老舗アウトドアブランド、リアリー・ワイルド・クロージングのオイルレザーのベスト。それに、結婚前から持っているフランスのル・シャモーの長靴や、アディダスのスニーカー、ツイードのキャスケットなどを合わせます。全体のトーンもカーキや茶などミリタリー系のダークカラーで揃え、かなりの本気度を感じます。決して形から入った、おしゃれ系アウトドアファッションではありません。でもなぜか洗練されて見えるのがキャサリン妃。その秘密はやはりシルエット。細身でウエストを絞ったアウターを選び、上半身をコンパクトに。特に厚みとハリのあるオイルクロス製のものは、サイズ感小さめ、が命です。

パンプス

L.K.ベネットのヌード色のパテント素材のプラットフォームパンプス。キャサリン妃の足元といえばこれ、というくらいの鉄板です。他にも黒か茶、紺のスエード、または黒のサテンと、数種のプラットフォームパンプスを履きまわすキャサリン妃。ヒールは10cm前後が多く、低くても8cm程度。公務中は基本、妊娠中だってローヒールは履きません。最近はプレーンなパンプスも定番に加わりましたが、色はヌードと紺、黒、と徹底。キレイめカジュアルのときはスチュワート ワイツマンのウェッジソールパンプス(紺、スエード)が鉄板。ソワレのときはジミー チュウの黒スエードのプラットかジミー チュウのシルバーのスネーク型押しのサンダルといたってシンプル。靴といえばエリザベス女王はいつも同じ黒パンプスを履いています。何にでも合うシンプルなデザインで履き心地のよい数足を、大事にお手入れして履きまわすのが英国王室伝統の精神です。

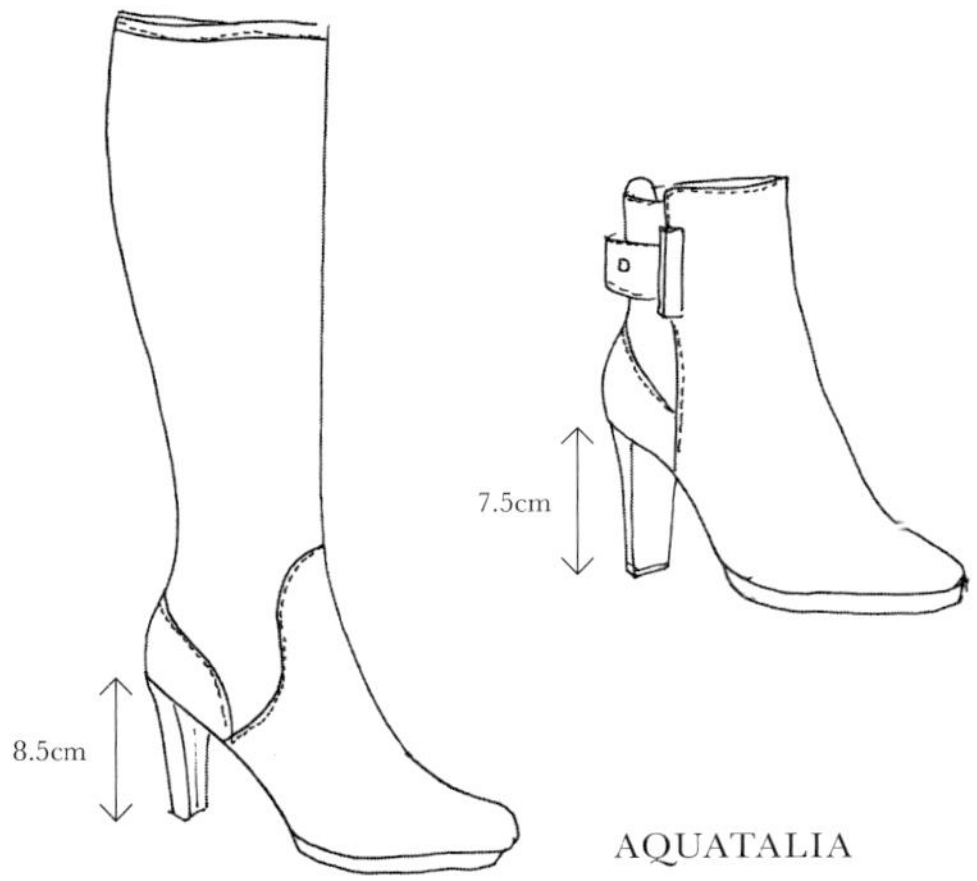

AQUATALIA

ブーツ

寒い冬の長い英国。ロイヤルといえど冬の足元は当然ブーツ。少ない靴で履きまわすのが得意なキャサリン妃は、ブーツも最近1足追加されるまでは、ほぼ3足。膝下丈の黒とこげ茶のロングブーツと、足首が隠れる程度のこげ茶のショートブーツで通してきました。黒のロングは大好きなプラットフォーム。ショートブーツともにブランドはアクアタリアで、素材もスエード、しかも滑りにくいラバーソールという共通点。コーディネイトのしやすい極力シンプルなデザインであることはもちろん、雨雪にも負けず、走れるブーツが絶対条件です。なにしろ学生たちとホッケーをすることもありますから。

またこげ茶のロングはスチュワート ワイツマンですが、ここで最近〝50／50〟を購入。〝50／50〟はブランドのアイコンブーツといわれ、セレブに大人気のニーハイブーツ。珍しくフラットタイプですが、キャサリン妃も、オフシーンではフラット靴も愛用します。

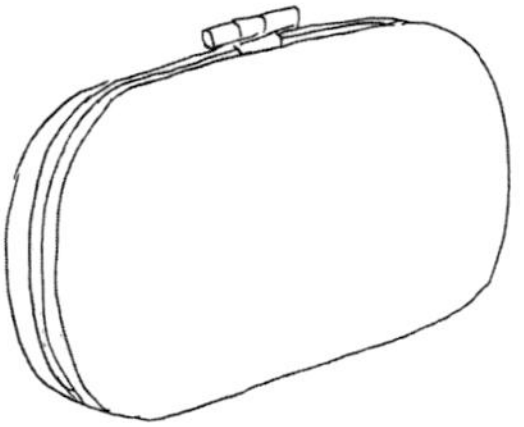

ALEXANDER McQUEEN

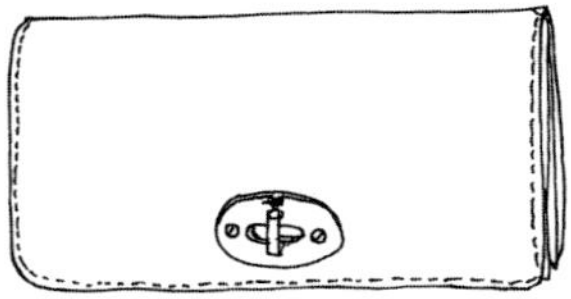

MULBERRY

クラッチバッグ

公務のバッグといえばこれのみ、というのがクラッチ。色はヌードか黒、紺、茶が基本。靴や帽子と同系色コーディネイトが基本と考えれば当然のラインナップです。形は、小ぶりなら丸みを帯びたボックス型や筒形、やや大きめならエンベロープ型が中心。一時期、L.K.ベネットのヌードの四角形を、鉄板パンプスとセットで持つことが多かったのですが、最近はもっぱらアレキサンダー・マックイーンが主流。色はヌードやグレー、赤で、マックイーンお得意のスカルの金具を、ロイヤルらしく控えめなデザインにカスタマイズしています。他には、マルベリーのやや大きめのお財布型バッグのチェーンを外してクラッチとして使ったり、プラダのピンクのサテンやダイアン フォン ファステンバーグのレオパード柄などを差し色的に活用することも。英国ではよくエリザベス女王のバッグに何が入っている？　と話題になりますが、キャサリン妃のクラッチの中には？

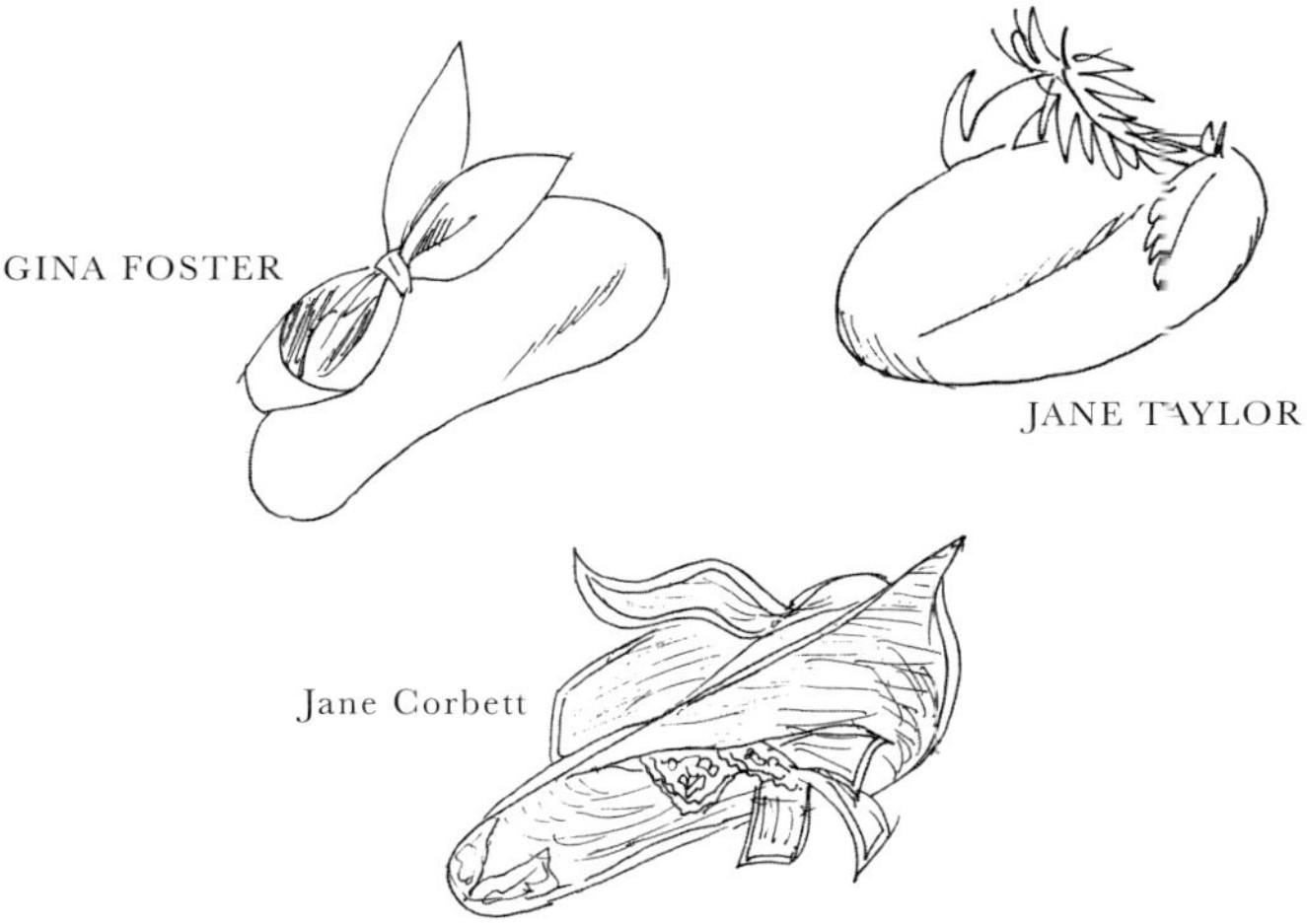

帽子

英国では、一般の人も結婚式などで着用する機会の多い帽子は、ロイヤルにとって公式行事のマスト・アイテム。キャサリン妃も結婚前から大きな帽子に羽根つきなどの派手なものも含め、幅広く被っています。でもプリンセスとなって、服に合わせてビスポークする機会が増えたおかげでしょう、シックで品良く見える、自分に似合う形が定まった模様。ベースはディスク型かベレー型のほぼ2択。そこに植物や花をモチーフにした飾りやボウをつけて、場面に合わせた華を演出します。素材と色は、秋冬はフェルトベースで黒、こげ茶、紺、緑が多く、春夏は涼しげなストロー素材で、白、ベージュ、ピンクや茶など軽い色が中心。ブランドは王室メンバー愛用のロック&コーやジェーン コルベット、そして最近は特にジェーン・テイラーが増えています。なおロイヤルはかなり大きな帽子が必須の場面もありますが、新米キャサリン妃のコレクションはまだ数個です。

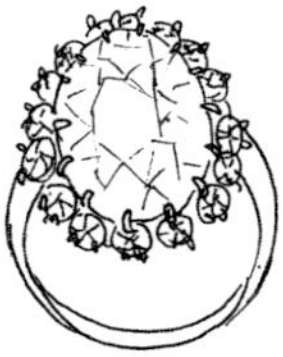

GARRARD

指輪

公務のとき、キャサリン妃の指に輝くのはいつも同じ婚約指輪。オーバル型の12カラットのブルーサファイアを14個のダイヤモンドが囲むガラードの指輪です。もともとはチャールズ皇太子がダイアナ元妃にプレゼントした婚約指輪で、それによって当時サファイア・ブームが起きました。ウィリアム王子は、ケニアを旅行中にキャサリン妃にプロポーズをするために、この亡き母の形見をリュックサックに入れてずっと持ち歩いていたそう。キャサリン妃は、そんな王子の思いを大切に、そして義理の母といつも一緒にいたいと考えて常にこの指輪をしています。女性なら指輪はいくつあっても嬉しいですが、大切なものは一つだけ、というのも素敵。キャサリン妃は、子どもとの公務で粘土をこねているときもしていました。結婚指輪も常に一緒につけていますがブランドは未だ不明。またジョージ王子出産祝いにウィリアム王子から贈られたエターナルリングを同じ指にすることも。

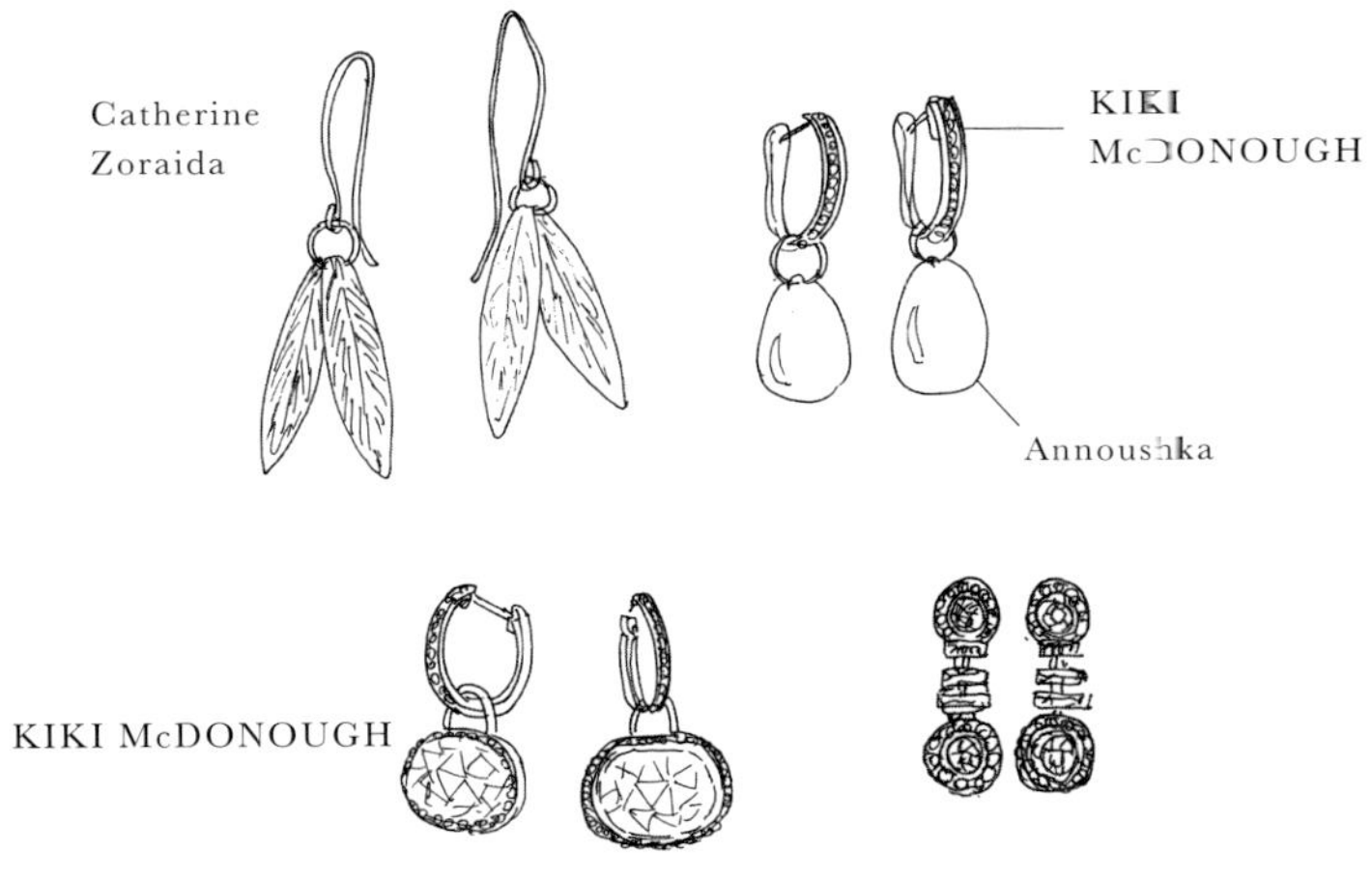

ピアス

長靴を履いた本格的アウトドアのときもこれだけはつけるジュエリーがピアス。お好みはぶら下がり型とスタッズ型。特に、キキ・マクドノーのパヴェダイヤモンドのついたフープ形のピアスに、アヌーシュカのドロップ形パールや、グリーンアメシストやシトリンなど寒色系のカラーストーン（最近ピンクのモルガナイトも加わりました）をぶら下げるのがお約束。婚約指輪と同じく、ダイアナ元妃のピアスから作ったブルーサファイアのピアスも同じくぶら下がり型。スタッズ型は、キキ・マクドノーのホワイトトパーズをダイヤモンドで囲んだシンプルなもの。それ以外、カジュアルにも使いやすいゴールドだけのピアス（値段も1万円前後とお手頃）もありますが、どれも基本の長さは3cm程度。じゃらじゃら揺れる派手なものではなく、顔の近くでパールの輝きやカラーストーンの透明感など、上品な存在感を感じさせるもの。地味すぎず、目立ちすぎずがポイントです。

Mappin & Webb

ペンダント

ジュエリーは極力引き算を心がけ、ピアスと指輪以外のアイテムはあまりつけないシンプル主義。そんな彼女がつけるペンダントは、ミドルトン家の家紋、どんぐりやオークの葉など3つの可愛いチャームがついたアスプレイのものや、直径1cmのホワイトゴールドのモチーフにダイヤモンドが光るマッピン&ウェッブの〝エンプレス〟など、さりげないものがほとんど。他にはクロスやリングモチーフなど華奢なものが数種あるだけ。スクエアカットやVネックの胸元のときなどにたまにつけています。そんな中で、ネックレスをアクセントにするような使い方のできるのが、キャサリン妃にしてはゴージャスな一品、カルティエの〝トリニティ〟、スリーゴールドのリングが大小5つついたネックレスです。一度だけクイーンから超ゴージャスなハイジュエリーのネックレスを借りたことがありますが、今後、その機会が増えることも期待されます。

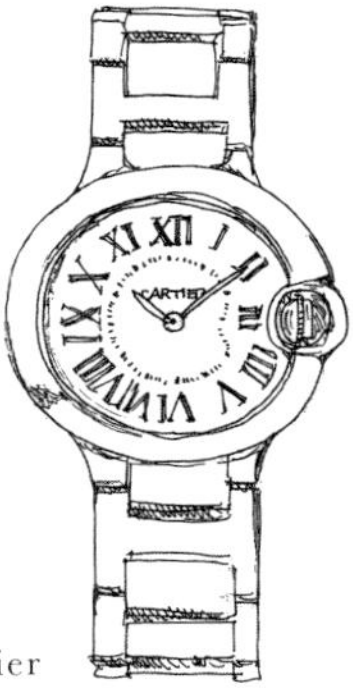

Cartier

ブレスレット&時計

キャサリン妃唯一のブレスレットが、結婚祝いにチャールズ皇太子からイヤリングとセットで贈られたアールデコ・ダイヤモンドのもの。彼女のジュエリーのなかで最もゴージャスなので、ここぞというソワレのときにつけています。時計は、結婚後、公の場でしていることは一度もありませんでしたが、ジョージ王子出産後からつけ始めました、最初は、結婚前から持っていたティソのブレスレットタイプで、ゴールドとスティールのコンビの質実剛健なもの。その後ウィリアム王子から結婚3周年のギフトとして英国王室とダイアナ元妃に縁の深いカルティエの〝バロン ブルー ドゥ カルティエ〟を贈られ、最近はもっぱらこちら。とはいえブレスレットはスティールでケースのサイズも女性用ではいちばん大きい33mmと、やはりフェミニンさをあまり感じさせないもの。時計はその人のスタイルを表すもの。意外とキャサリン妃の本質なのかも、です。

第4章

ロイヤルの美は一日にしてならず

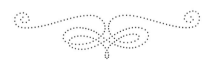

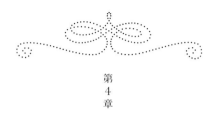

顔も体も、〝なりたい自分〟を作る

ロイヤルウエディングのメイクを自分でしたキャサリン妃。その前にちょこっとプロについてレッスンしたそうですが、世界中が注目する一世一代の大舞台のメイクをなぜ？　と不思議に思う方もいるでしょう。

私は洋服のスタイリストですが、メイクというものは、ファッションと同じように、というよりむしろファッション以上にその人が出るのではないかと思っています。そして私自身、かつてプロにメイクをしてもらったとき、最初は喜んでいたのに、結果、別人になったような気分で違和感を覚え、テンションが下がってしまった、そんな経験があります。

キャサリン妃が結婚式のメイクを自分でしたのも、おそらくそのような想いからではないでしょうか。晴れ舞台だからこそ、他人が作ってくれる美しさよりも、主役である自分が居心地よくいられることが、キャサリン妃にとっては大事だったのでしょう。

自分の顔と体には自分で責任を持ちたい。この章では、そんな意思を感じるキャサリン妃の、美と健康へのこだわりを見ていきます。

❶アイメイク——とにかく目力重視

キャサリン妃のメイクのいちばんの特徴、それは目力のあるアイメイク。中でも最も重きを置いているのはアイラインです。ダークカラーのアイライナーで目の周りをぐるぐるとかなりしっかり描く、囲み目メイクが定番です。

アイシャドウも、たまに洋服に合わせてブルー系を使いますが、基本はスモーキーなブラウンやグレー。マスカラをたっぷりつけるのも忘れません。

最近はそれでも、ソフトなブラウン系のアイライナーを使うようになってきているのと、そのメイクを見慣れてしまったせいか、ナチュラルっぽく見えますが、実はナチュラルではないんですね。特に結婚当初は、おそらく黒のアイライナーを使っていたと思われ、相当濃いアイメイクでした。

実は結婚前の顔を見ると、アイシャドウはほとんど塗っていませんでした。個人的な趣味としては、そのほうがエレガントなのでは、と思ったりもしますが。やはり世界が注目するプリンセスとしては、まだ4年生ロイヤルとしての気合の表れとばかりに、目力をつけたいのでしょう。

❷アイブロウ——眉は人生を表す

キャサリン妃の眉は、ほどよく太めで、ちょっと上向きの自然なアーチ。アイラインと同様、色もかなり濃いめに描いていた結婚当初と比べると、最近は柔らかく、またアーチの真ん中あたりも細めになってきていますが、もともとのラインを生かした上向きの形はほとんど変わりません。

そもそもの眉が、スタンダードな太めのキャサリン妃。自分で描くため、ときどき違う形になっていたりしますが。でも元の眉をいじりすぎることはありません。これはイギリス人にとっては普通のこと。日本人はメイクも流行好きなので、眉の太さも流行で大きく変わりますが、イギリス人は基本、眉はいじりません。眉がその人のキャラクターにもなっているのです。

太く濃いしっかり眉は意志の強さ。自然な上向きの形は適度な上昇志向。キャサリン妃の眉は、まさにキャサリン妃の人生のようです。

❸チーク——笑顔を強調、焼けた肌をキレイに

頬骨がわかるふっくらほっぺのキャサリン妃。チークは、かつては頬骨からこめかみに向かってシャープに入れていましたが、結婚してからはそのふっくらほっぺを強調するような丸い形に。よりハッピー感のある笑顔になります。

アウトドア大好き、ヴァカンスにはカリブ海の島などでしっかり肌を焼くキャサリン妃。日焼けした健康的な肌は上流の証《あかし》とばかり、チークの色はベージュ系やオレンジ系など、焼けた肌をよりキレイに見せる色が多いようです。

❹リップメイク――主張しないという主張

アイメイクのところで書いたように、キャサリン妃のメイクは全然ナチュラルではありません。でも、年輩の人やメイクをよく知らない男性からは、ナチュラルメイクだと思われているふしがあります。なぜでしょう?

その秘密がリップメイクにあります。

キャサリン妃の唇は常にマット&ヌーディ。一度たりとも、色物を使ったところを見たことがありません。うるうるツヤツヤに光った唇も、見たことがありません。

目力のあるアイメイクをする分、唇はマットなヌード色でバランスをとっているのです。

そのアイメイクも、色をまぶたにのせるタイプではないし、ファンデーションをしっかり塗るわけでもないため、メイクに詳しくない人は、ナチュラルメイクだと思ってしまうのですね。

でも本当は、唇は絶対ヌード系にして主張しないという引き算の主張であり、そしてキャサリン妃らしいバランス感覚の表現でもあります。

ちなみに、キャサリン妃は、夜も基本、メイクを変えません。レセプションでガウンを着るときも、基本は日中メイクと同じ、ダークカラーで囲み目メイクにヌード唇というバランスは鉄板なのです。

昼間はほとんどノーメイクでも、夜の外出には真っ赤な口紅をひくというフランス女性とはまた違う、これも譲らないこだわり。キャサリン妃の意思を感じます。

メイクは多少下手ぐらいがいい?

目元と口元の足し算、引き算がちゃんと計算されているとはいえ、キャサリン妃のメイクは、御世辞にもすごく上手いとは、素人《しろうと》の私からしても言えません。もうちょっと練習すれば、もっとナチュラルに目力を生かす方法があるのでは、と思います。

でも、上手すぎないところが、いい意味での野暮ったさで、親近感に結び付いているとも思います。

思えば、ロンドンに住んでいたとき、イギリス人はメイクが下手なのかも、とよく思っていました。なにしろ、デパートの化粧品売り場に立つ女性ですら上手とはいえない人が多く、一度メイクをしてもらったらびっくりするほどカラフルな顔になってしまったことがありました。

そもそもイギリス人は、顔よりも頭、つまり美より知性を重視する国民性。日本人のようにメイクに力を入れすぎていると、インテリジェンスがないと思われることも。特に、ファッション業界以外で仕事中にばっちりメイクしているなんて、能力を疑われかねないのでほとんどノーメイクです。

美より知性、という判断基準は同性同士が評価する際だけでなく、男性が女性を選ぶときにもあてはまります。

もしかしたらチャールズ皇太子が、ダイアナ元妃よりもカミラ夫人を選んだことも、そんなお国柄に関係があるのかもしれません。

❺ヘア　その1――髪への投資は惜しまない

人前に出るときは、ツヤツヤのロングヘアを、ゴージャスに巻いているキャサリン妃。

そのヘアスタイルこそ、キャサリン妃の美容のハイライト。最も重視しているポイントで、髪に命を懸けているといってもいいのではないでしょうか。だから、メイクは自分でするけれど、髪のケアやスタイリングだけはプロに委《ゆだ》ねています。

なにしろ、ジョージ王子やシャーロット王女を出産し、お披露目をする際にも、家族しか入らない病室に、お馴染みの美容師さんだけは招いてしっかりブローしてもらうほど。それもあって、出産直後とは思えないゴージャスな美しさで登場し、ヘアスタイルの重要性をつくづく実感したものです。「はじめに」でも書きましたが、シャーロット王女出産後、その見事な巻き髪効果で、ヘア・アイロンの売り上げがアップしたほど。

スタイリングを決めるために、髪質にもこだわるキャサリン妃。2週間に一度は美容室に行き、ツヤを出すためのブローケアを行っているそう。

顔の額縁といわれる髪。ヘアスタイルと髪質が良ければ、顔は普通でも美人度は大幅アップするといわれます。もともと美人のキャサリン妃ですが、髪を最重要視していることで、さらに美人。そしてなりたいヘアスタイルや理想の髪質といった人気ランキングで、1位になったこともあるほど、キャサリン妃の人気に貢献しています。

ファッションはお金をかけなくてもおしゃれになれるし、メイクも然《しか》り。でも、髪にだけは日頃からお金をかけるべし、ということを、キャサリン妃は教えてくれます。

❻ヘア　その2——女性のヘア・スタイリストでより美しく

髪が命というキャサリン妃が信頼しているヘア・スタイリストは、アマンダ・クック・タッカーさん。ウィリアム王子の髪をずっと切っていたおば様です。

結婚式以降、2012年9月に東南アジアツアーに出かけるまでは、リチャード・ワードという美容室のヘア・スタイリスト、ジェームズ・プライスさんが担当していました。

ジェームズさんからアマンダさんへ担当が変わったことで、いちばん変わったのは、まとめ髪が一気に素敵になったこと。実はそれまで、キャサリン妃のヘアスタイルの唯一の弱点ともいえたのがまとめ髪。年齢よりも老けて見える傾向があったのです。

しかしアマンダさんと組むようになり、年を経るごとにどんどん美しくなっています。特に、最近着用率がぐんと増えた帽子を被るときのまとめ髪のヴァリエーションが増えました。きっと2人でいろいろ研究しながら、2人で成長しているのでは、と見ています。

1章でも述べましたが、内面から出るセクシーさを大事にするキャサリン妃スタイル。洋服のデザイナーが女性のほうが相性がいいように、ヘアスタイリングにおいても、女性同士のほうが、ナチュラルなセクシーさとロイヤルに必要なコンサバ感の両立が上手くいくのかもしれません。

性別もですが、相性の良いヘア・スタイリストさんと出会うことは、自分スタイルを作るうえで、かなり重要といえます。

❼ヘア その3 ――抜け感のある巻き髪が人気の理由

キャサリン妃こだわりのヘアスタイルは、基本は、裾だけレイヤーを入れたワンレングスを巻いたダウンスタイル。ごくたまに前髪を切っていますが、前髪が長いほうが落ち着くのでしょうか、前髪に手を当てる癖があります。そういうこともあってか、最初の頃はシニアのロイヤルファンから、髪をまとめなさい、という声もあったようです。でも意思を貫き、ロングドレスのときもダウンスタイルが基本。

巻き方は、ゴージャスなときは縦巻き、カジュアルなときは横巻きでゆるくウェーブを出すなど、装いに合わせて変えています。が、どちらにしても、巻きすぎていないところが、広く人気を集める秘訣です。巻きが強いと、ある一部の女性には支持されますが、一般的には支持されにくいといった面を持ちますから。抜け感が大切です。

まとめ髪に関しては、ジョージ王子が生まれて以降増えた、ネックラインのあたりでまとめるスタイルがエレガント。ママになった落ち着きを、老けて見せるのではなく、エレガントに上手く表していると思います。そして私が好きなのはポニーテール。偶然かもしれませんがアレキサンダー・マックイーンの洋服を着たときにポニーテール率が高く、耳の延長線上、高めの位置でまとめるポニーテールは若々しく見えて、とても似合っています。ポニーテールのプリンセスって実は少ないのではないでしょうか？

そして最近、ダウンのまま、前髪を後ろで留めた、お嬢様風のハーフアップが新定番となりつつあります。なにしろ強風が吹く英国ですから、これなら公務でも髪がボサボサになりにくく、ロイヤル感もあり、シニアファンもOKなのではないでしょうか（笑）。

❽ネイル——マニキュアは絶対塗りません！

あまり知られていませんが、キャサリン妃は、マニキュアを塗らない素爪派です。もしかしたら、透明なベースコートぐらいは塗ることもあったかもしれませんが、結婚後一度も（！）、爪に色を塗っているのを見たことはありません。形も短く整えています。ペディキュアも、過去に一度だけ、ソワレの際にサンダルを履き、真紅に塗った爪が見えたということがありましたが、幻の一回で終わっています。

私見ですが、爪って女性度の象徴のようなもの。手元は自分で見えるからです。爪にバッチリお手入れをしてキレイな色を塗っていれば、仕事中でも、忙しくておしゃれができないときでも、自分が女であることを思い出せて癒される、そんな考え方をする女性が日本には多いですよね。

でもキャサリン妃は、手元で女を感じる必要はないようです。それより爪に色を塗らないことで、昼同様にスタイリング上の引き算をしていると同時に、もっといえば〝家事もきちんとやっています〟というリアル感アピールをしているように感じます。

私も爪はいつも短く揃えて何も塗らない派です。爪だけは抜け感と生活感を示すパーツとして「結構真面目にしているんですよ」という密かなアピールのつもりなのです。だから勝手ながらキャサリン妃とマインドが似ている、なんて思っています。

ちなみに日本と異なりイギリスは、お金を払って凝ったマニキュアをすることがトレンドにならない、ということもベースにあるでしょう。オフィスで仕事をしている人、特に自立した大人の女性はマニキュアをしている人、少ないですね。ファッションが好きな人が、ファンキーに手元を遊ぶ、マニキュアはそんなポジションにあるからです。

キャサリン妃の爪からは、プリンセスである前に、一人のリアルな女性、妻、母でありたいという意思が感じられてなりません。

❾体形キープの秘密　その１――スポーツ大好き！

見事なプロポーションをキープし、女性らしい体のラインを生かした服しか着ないキャサリン妃。それでも過去には何度か、ぽっちゃり気味になったこともあります。マールボロ・カレッジの学生だったときや、大学を卒業してロンドンに戻ってきたとき。

どちらも、ママと一緒にダイエットしたといわれ（ママと仲良しな彼女らしい逸話ですね！）、ロンドン時代にはフランスで流行った、プロテインをメインとするデュカン・ダイエットをして、サイズを10から８（ＭからＳ）にしたといわれています。

とはいえ、基本的には、いわゆるザ・ダイエット的な方法に頼るのは好きじゃないようです。それより、子どもの頃からスポーツ好きな彼女は、運動や犬の散歩など、生活の中で体を動かすことと、食事のコントロールでプロポーションを保っているよう。

なにしろ、プレップスクール、パブリックスクールを通して、水泳、テニス、高跳び、ラウンダーズ、ネットボールにホッケー、クロスカントリーなどなど、スポーツ全般に優れていたキャサリン妃。特にプレップスクール時代には、水泳や高跳びで学年の年齢別記録を更新したほどのスポーツウーマンです。体を動かすことが大好きなんですね。

だから結婚後も、日頃から水泳やヨガで体形をキープ。ジョージ王子の妊娠中は、ピラティスを週3回。さらにシャーロット王女妊娠中からは、ロイヤルやセレブリティ御用達のパーソナルトレーナーと契約して、週に一度トレーニングを受けています。時間8万円ともいわれる超高額のトレーナーで、毎日電話による指導や日常生活をチェックするなど、厳しくも徹底したサポートで知られる女性。そのおかげでキャサリン妃は、シャーロット王女出産後、あっという間にいつものボディに戻しました。5月2日の出産から約6週間後の6月14日、おなじみのスキニーで登場するほどですから、効果のほどが窺いしれます。

ただ、どんなにトレーナーが優秀でも、そして高額トレーナーを雇う経済的余裕があっても、やるかやらないかは本人次第。美は一日にしてならず、継続が重要です。皆が注目しているというプレッシャーも相当でしょうが、そこは向上心に溢れ、意志が強いキャサリン妃。それもモチベーションにして頑張れるタイプでしょう。

そういえば、2007年の破局後、マールボロ・カレッジの同級生にボートのチームに誘われ、失恋をふりきるかのように頑張ったところ、体が絞れて、より美しく洗練された、ということもありました。そんな実体験が、運動こそ美のベースという精神につながっているのかもしれません。

⑩体形キープの秘密　その2――日常生活でもとにかく動く

ジョージ王子の妊娠中、心がけていたのはピラティスだけではありません。愛犬ルポの散歩も自分でずっとしていました。

彼女くらいの身分になれば、犬の散歩ぐらい誰かに頼めそうなものですが、それもいい運動として積極的にしているのではないでしょうか。

そもそもイギリス人はとっても歩く国民。ロンドンにあるケンジントン宮殿の周りも公園だらけですし、彼らが今（２０１５年秋現在）住んでいるアンマーホールも田園地帯。歩き放題ですから！

さらに、いつも動き回っているジョージ王子と一緒に遊ぶのもいいダイエット。日頃、運動と無縁なママは、男の子の子育てはエネルギーを消耗して大変と聞きますが、そこは〝かなり〟のスポーツウーマンですから、いくらでもつきあえるのではないでしょうか。なにしろ、日本では、ママがしているところはあまり見ない肩車を軽々とできる強肩ママですから（なお、キャサリン妃の母、キャロルさんも、ジョージ王子を肩車しているところを目撃されています。母子ともにたくましいＤＮＡかも？）。

そして動くだけでなく、寝ることも大切に考え、特に妊娠中は、毎日８〜10時間の睡眠を心がけていたそうです。睡眠不足は太る原因の一つ。日中しっかり動いて、夜はしっかり寝るというのは、健康だけでなく、体形維持にも効果的です。

美肌キープの秘密

セビチェ（南米で人気の魚介のマリネ）、タブーリ（レバノンのパセリを主としたサラダ）、ガスパチョ、メロンサラダ。
アーモンドミルク、クコの実、ゴジベリー。

これはキャサリン妃が、肌や髪のツヤのために積極的に食べているといわれるメニューや食材の一部。

ジョージ王子を産んだ後にはローフードダイエットをしていたこともある彼女。日頃から、摂取カロリーを考えて炭水化物は控えめにするなど、やはりあれだけの体形維持を成功させているだけあって食べ物に対しての意識も高いのです。

ただ、食事については、どちらかというと、痩せるためというより、美肌や健康のため、という考えのよう。キャサリン妃の友だち曰く、「スタイルは完璧なのだけど、輝く肌にしたいわ」と言っていたとかいないとか。

スムージーを毎朝飲むのもそのため。かつては、アメリカのニュートリライトのブレンダーミキサーで、毎朝自分で作っていたそうで、イギリスのメディアからは〝スムージークイーン〟と呼ばれるほどのスムージー信奉者。今は、妹のピッパさんが子育てで忙しい姉のために手配した、宅配のフレッシュジュースを利用しているとか（そもそもキャサリン妃のスムージー熱はピッパさんの影響ともいわれています）。

もちろんパーソナルトレーナーからも、日々の食事はヘルシーな野菜や果物、赤身肉中心にするなどの指導はしっかり受けており、食材全般はオーガニック中心。今はアンマーホールの近くにあるオーガニックファームに足繁く通い、肉や乳製品、野菜やパンなどのオーガニックフーズを購入している姿がしばしば目撃されています。子どもたちの食べるものは特にオーガニックを心がけているのではないでしょうか。

こうした傾向をまとめると、キャサリン妃の食のスタイルは〝クリーン・イーティング〟。健康管理のために、体に安心安全でフレッシュなものを、適度な量摂取することで、結果的に体形維持にもなっているのです。

ちなみに最近、ピッパさんは、栄養士の資格を取ろうとしている、という噂がありま す。ピッパさんが学んだ知識が、またキャサリン妃に影響を及ぼすかもしれませんね。

ストイックになりすぎない

クリーン・イーティングを心がけているキャサリン妃ですが、ワインなどお酒も飲むし、紅茶よりはコーヒー派。徹底的にクリーンにこだわっているわけではありません。ケンジントン宮殿近くのスターバックスでコーヒーを買っていたり、イギリスのファストフードチェーン店プレタ マンジェに並び、サンドイッチやクロワッサンを買っているところを目撃されたことも。

ある瞬間痩せるための一時的なダイエットより、長期にわたって健康的な体を作るためのプログラムを重視しているだろうキャサリン妃。そういう生活を長く続けるためにも、体にいいものしか口にしないなど、突き詰めすぎるのは、かえって体に良くなさそう。好きなものは口にする、そして体に良いこともする、といったスタンスです。

〇〇はダメ！　とか、〇〇しなければ、というネガティブからの発想ではなく、〝こうなりたいからこうする〟〝こうなったらもっと自分を好きになれる〟、それだけをイメージして、楽しくやりたいことをやる。言うのは簡単そうに聞こえますが、これも自己マインドコントロール。理想の自分になれるのだから、楽しく感じてきませんか。

意志の強さからいって、キャサリン妃はいくらでもストイックになれるタイプだと思いますが、やりすぎないこと、それがキャサリン妃の、余裕のあるハッピー感につながっているように思います。

第5章

キャサリン妃に学ぶ幸せの法則

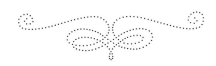

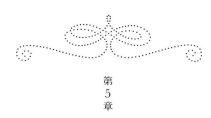

ファッションだけじゃなく マインドも愛されるプリンセス

世紀のロイヤルウエディングからあっという間に世界的なファッションアイコンになったキャサリン妃。でも、彼女が支持されているのは、ファッションだけではありません。キャサリン妃は、シンデレラストーリーを現実のものとしただけでなく、結婚後ますます幸せの階段を上っています。キャサリン妃の上昇人生の原動力ともなっている、マインドの部分に魅力を感じる人が、女性に限らず多いのです。

たとえば、第2子シャーロット王女出産時の産休を、第1子ジョージ王子のときより長く取りました。また旦那様も、公務や仕事以外は、徹底して自分や子どもたちとの時間を優先させています。その結果、エリザベス女王からは早期の公務復帰を催促され、メディアからは「田舎に引きこもり」とか、「ウィリアム王子をコントロールしている」などと揶揄《やゆ》されることもしばしば。

でも、私が思うに、キャサリン妃はジョージ王子出産時の経験から長めの産休が必要だと考えたのだろうし、ウィリアム王子のことだって、家族の幸せを第一にしたい2人の一致した考えのはず。こうして、キャサリン妃流を貫くことで、着実にキャサリン妃は幸せになっているし、その強さに私たちは憧れるだけでなく、学ぶところも大いにあると思います。

最終章となる本章では、キャサリン妃のこれまでの人生のさまざまな局面から見てとれるしなやかなマインドを、ずっと彼女を追いかけてきた私なりの視点で分析します。キャサリン妃の、ときに真面目で、ときに大胆な行動の裏に隠れたマインドを知れば知るほど、なるほど、これで幸せをつかんだのね！と大いに納得していただけるはず。

プリンセスじゃなくたって、女として幸せになりたい！　もっと愛される人生を送りたい！　そう願うすべての女性のための、ヒントをつかむ第5章です。

一歩外に出たら口角を上げて

これまで、キャサリン妃の写真を、何千枚（何万枚？）とチェックしてきましたが、ムスッとした表情をとらえられていることは皆無といってていいのが驚きです。彼女は本当にいつも笑顔。はっきりと笑顔じゃない、マイナスの感情を露《あら》わにした顔を写真に撮られているのはおそらく1回だけ。それは２００７年の1月、ウィリアム王子との関係に暗雲が立ち込める中、そんなこととは露ほども知らず、婚約を期待して集まったメディアとパパラッチの前で、さすがに重圧を感じたのか渋い顔。まだ結婚前ですし、それも納得できるというもの。それ以外は、とにかく表に出た瞬間にもう笑っているのがキャサリン妃。笑顔がオン・オフのスイッチになっているといってもいいかも、です。

エリザベス女王もチャールズ皇太子も、英国王室の伝統として、本当のノーブルは表情を見せないよう育てられてきましたが、そこは一般家庭で育ったキャサリン妃ですから、表情は豊か。笑顔も自然で、作り笑いっぽさが全然感じられません。それがまた人気の秘密です。

ただ私が思うに、外に出たらいつも笑顔でいることは、国民からよく見られるため、というだけではなく、自分自身の内面にも由来しているし、影響しているのではないでしょうか。根っこがスーパーポジティブなキャサリン妃、同じ公務で人前に出るなら、笑顔でいたほうが自分だって楽しいはず。どうせやるなら楽しもう、という感じ！　そして笑顔でいると、本当に楽しくなるし、好感度もアップという好循環。いい人生をどんどん引き寄せてきました。

まずは、玄関の扉を開けたら口角をきゅっと上げて笑顔を作るように意識しましょう。外に出たらスマイル、スマイル！　運を引き寄せるコツです！

人との距離感は一定を保つ

人とのつきあい方はいつも冷静で一定の距離感を保つ、というのがキャサリン妃流。
学生時代の友人も、「ケイトはいつも、誰にでもやさしい優等生」と語っています。

たとえば。
学生時代のキャサリン妃は、他の人がお酒の力ではめを外していたら、自分は参加しないけれど、どうぞ楽しんで、と笑顔で見守る、もしくは介抱役になるタイプ。

ウィリアム王子と交際中、一時働いていたアパレル会社ジグソーにパパラッチが押し掛けたときは、必要以上に隠れることなく、どうせ彼らは写真を撮りたいだけだから、と冷静に対応しました。

仲が悪いのでは、としばしば取りざたされる義理の母、カミラ夫人。あちらが何か非難めいた発言をしているという噂が流れても、それに乗ってケンカをするようなことはしないで、冷静にかわしています（今のところですが……）。

さらには、エリザベス女王に対しても、伝統的なルールなど従うべきところは従いつつも、自分がこうと思うところは貫くというスタンス。相手が女王だからといって絶対服従ではありません。

基本、人間関係は8分目と、平等なキャサリン妃。確かに、人によってそれを変えていたら、どこかでそこにつけいる人が出てきて大変ですね。だから友人だろうがパパラッチだろうが、そして権威のある人だろうが、相手によって距離感をあまり変えないということ。これは、ロイヤルならずとも、人づきあいのコツかもしれません。特に大勢の人と会うような立場の人は、大いに参考すべき点でしょう。

とはいえ実はキャサリン妃、人の好き嫌いもはっきりしているとお見受けします。その好みは、単なる好みというより、〝この人は信頼できるかどうか〟ということのようですが。好き嫌いがはっきりしているからこそ、誰にでも一定の距離感を保つようにする、というのは賢いと思います。

「核」となる存在を持つことで強くなれる

キャサリン妃が、基本、誰に対しても一定の距離感を保てる強さを持っているのは、とにかく家族がいちばん！　という核となる部分がしっかりしているからです。

以前から、何より家族を第一に考えたいキャサリン妃。２０１５年春には第２子、シャーロット王女が生まれ、子どもが2人になって、せめて子どもたちが小さいうちは、と、ますますファミリー優先が進んでおり、さすがにエリザベス女王から〝公務が最優先〟というお達しを受けてしまったほどです。

なぜキャサリン妃が家族いちばんなのか。それは生まれ育った家庭、ミドルトン家の影響です。

なにしろキャサリン妃のパパ、ママは、離婚率の非常に高いイギリスにあって、今年で結婚35周年、しかも今もラブラブの仲良し夫婦なのです。パパはどちらかといえば控えめだけど、温かくて面白く、ママは上昇志向は強いけれど、とにかく家族思い。キャサリン妃は幼い頃から、家族は必ず一緒に食事をして、誕生日を祝って、そんな家庭に育ち、そういう両親を尊敬し、家族を誇りに思って成長してきました。このミドルトン家こそ、幸せはこうあるべき、というキャサリン妃の理想の核であり、安定した強さのもととなっているのです（ウィリアム王子がミドルトン家を居心地よく思うのも、この家族の仲の良さに憧れているからです！）。

そしてその理想をもとに、自分の望む幸せの図を描き、叶えてきました。だから自分が母となった今、今まで以上に家族がいちばんと考えるのも当然で、そこにロイヤルとしての公務と伝統をいかにミックスしてやっていくか、という点がこれからの大きな課題となるでしょう。

でも、大好きなミドルトン家を軸に、2人の子どもとウィリアム王子との自分自身のファミリーができた今、キャサリン妃の強さは倍増したといってよいでしょう。いいかえれば、家族の絆さえ確かなら、他の人との関係が多少（否、かなり？）こじれたとしても、まったく気にしないぐらいだと私は思うのです。彼女は相当、強いです！

人は、自分が心から大切に思える何かがあると、強くなれるのです。キャサリン妃の場合はとにかく家族ですが、それは血のつながりに限らないと思います。友人でも、はたまたペットでもいいのです。自分にとって、そういう存在を大切にしてください！といいつつ、まだそういう存在のいない私は、キャサリン妃を見ているといつも、単純に家族が欲しくなるのですが（笑）。

宝石をつかみたいならここぞというときは大胆に

有名なエピソードなのでご存じの方も多いと思いますが、キャサリン妃が以前から理想のタイプと公言していたウィリアム王子を射止めるきっかけとなった、大学1年の春のファッションショーの話です。日頃控えめなキャサリン妃が、下着の上に透けたワンピースという、下着だけよりもエロティックではないだろうかと思う、そんなスタイルでランウェイを歩いたのです。まだ王子とは友人ベースのおつきあい、という時代でしたが、いつもの優等生のイメージを覆すセクシーで大胆な行動に出たことで、憧れの王子に〝ケイトはホットだ！〟と言わせたのです。

また、2007年4月、正式に破局が発表された後の行動もなかなかに大胆なもの。ウィリアム王子が憂さ晴らしに出かけたと報道されたナイトクラブにわざわざ、ミニのドレスにロングブーツという相当セクシーな装いで堂々と出向きました。そしてダンスフロアで明け方まで踊り明かし、その場にいた男性たちを魅了しまくったのです。それは王子に、手放した女性の価値に気づかせて、たった2カ月で自ら復縁を申し出させる、大きな要因となりました。

誰もが〝ケイトはいい子！〟と言う女性にしてそのギャップ！　そういう行動に出られる勇気！　一般家庭から未来の英国王の妻の座を射止めた彼女の人生は、シンデレラストーリーと言われますが、ここぞというときに自分のセクシーな魅力を見せつける（しかも大勢の前で！）勇気がなければ、英国の独身男性の頂点にいる（当時）最も大きな宝石のような存在、ウィリアム王子を射止めることはなかったのではないでしょうか。

むろん、意中の人をものにするために露出しろ、ということではありません。そうではなく、いつもの自分とちょっと違う演出をする大胆さ、勇気がなければ、高嶺《たかね》の花は手に入らないということです。

ただし、イギリスでは、良妻賢母より強くセクシーな女性のほうがモテるので、キャサリン妃の場合はそれで上手くいったわけですが、日本では大正解とはいえないですね！

ノリの良さを大事にする

今も昔も品行方正なキャサリン妃。特に学生時代、お酒に飲まれることもなく、大学生ならではのバカ騒ぎに加わることもなく、絵に描いたような優等生でした。

でも彼女は、空気を読んで、やるときはやる子（笑）、です。チャリティのためのオムツ・パーティ（！）というものにはちゃんと参加しているのです。ただのバカ騒ぎなら断るけれど、意義を感じれば、オムツを穿くのもＯＫ！　そういうノリの良さはちゃんとあるんですね。

だからキャサリン妃は好かれる。愛されキャラになる秘訣がここにもあります。

〝一歩〟下がって男性を立てる

レディファーストの国、イギリスですが、その実態は女性が強くて、女性がいつも前にいるから、とも言われています。そして、男性にモテるのも、自立した強い女性です。

キャサリン妃も内面はとても強い女性ですが、でも、一歩引いて男性を立てることもできる女性。大和撫子的な面が結構あり、それがウィリアム王子を射止め、長い関係を良好に進めてこられた大きな要因だと私はにらんでいます。

印象的なエピソードを一つ。

婚約発表後のインタビュー。大学時代、ルームシェアをしていたときのウィリアム王子の料理に話が及んだときのこと。キャサリン妃が「何度か作ってもらいました」と言うと、王子は「あまり上手くできなかった」とコメントしました。するとキャサリン妃は「練習する時間をあげなかったので」とすかさずフォロー。これを聞いて、なんて日本女性的、引いて持ち上げる術《すべ》を知っている女性だわ！　と感心しました。

英国王室の中で、新米で嫁という立ち位置があるから控えめにしている、ということもありますが、きっと学生時代から、一歩引いて、褒めたり励ましたりしながらウィリアム王子をやさしく支えてきたのだろうと思います。

なにせウィリアム王子は超お坊ちゃま。イギリス男性の御多分に洩《も》れず、強い女性がお好みのようですし、とってもやさしそうに見えますが、プライドも相当に高いはず。キャサリン妃だって強い性格ですが、王子のそういう面をよくわかっていて、ちゃんと一歩引いている。尊敬を表現するような褒め方も得意です。

物理的な立ち位置で見ても、王子が彼女を前に出すように腰に手をあてて誘導しているときは別ですが、常に王子の背中を見ています。特に結婚前まではそれが徹底していましたし、結婚後も基本はそのスタンス。結婚すると特に強くなるといわれているイギリス女性にしてはすごいことです。

ただポイントは、引くのは一歩ぐらい、ということでしょうか。大和撫子といえば、本来は三歩下がって、ですが、三歩では現代女性としては引きすぎです。それだとウィリアム王子を封建主義の塊のように見せてしまい、彼の世間的なイメージを考えてもそれはマイナス。王子を必要以上にお殿様に見せずに、でもちゃんと王子のプライドを満足させる、心地よいキャサリン妃の引き具合。これはシンデレラストーリーを狙う女性にとって、学ぶべきバランスですね。

キャサリン妃、そんな引き技どこで習ったの⁉　と感心するばかりですが、おそらくは、控えめなパパの性格を受け継いだのでは、と私は推測しております。

王子すらイクメンに育つ方法

ジョージ王子を出産した後、病院前で行ったお披露目インタビュー。キャサリン妃は、「最初のオムツを替えたのはウィリアムよ」と、世界に向けてさらりと夫を持ち上げました。ウィリアム王子、嬉しそうでしたね。きっとこの言葉により王子は、オムツ替えをはじめとする子育てに、積極的に参加するようになったはずです。

といいつつも、お坊ちゃまウィリアムですから、実は家では何もしていなくて、外でのポーズだったりして、なんて勘ぐることもできなくはありません（笑）。でも、その後見られる、ジョージ王子を抱っこしたりあやす姿は、間違いなく日頃から子育てに関わっているだろう慣れた様子ですから、めでたくウィリアム王子はイクメンになっています。

その後も、キャサリン妃は、何かとウィリアム王子のパパぶりを褒めており、そうしたら、もともとやる気満々（に見える！）王子は、もっとはりきるでしょうから、非常に上手い、夫操縦術です。プリンセスにしてお見事！

その実、公務にパイロットとしての仕事にと大忙しのパパ、ウィリアム王子。本当は、たいして子育てをしていないのかもしれません。ゴミ出ししかしない夫が、それをいかにも家事をしていると自慢げにいうのが憎たらしい！　という奥様方の声を聞きますが、もしかしたら、ケンブリッジ公爵家もそうかもしれません（笑）。

もし、そうだったとしても寛容に見守って、褒めれば、少しずつイクメンに育ち、結果、自分も楽になります。キャサリン妃戦法は賢いのです。

ただ一人のために〝女〟でいる

世界中の女性が憧れるプリンスと結婚して、2児の母となった今も、幸福感に満ちているだけでなく女性らしい色気もある、それが、キャサリン妃が皆から憧れの的である大きなポイントです。

確かに彼女のファッションの信条は、第1章でも述べたように、どんなときもセクシーさを忘れない、ということ。そのために女性らしいシルエットの洋服を選び、それを着るための体形を保つ努力も怠らずに続けてきました。世界中の人が注目しているから、ということも、もちろんその信条を持つに至る大きな理由になっていると思います。でも何より彼女は、最も身近な存在、愛する旦那様、そう、ウィリアム王子のために、いつでもセクシーな存在でいたい、そういう意思が常に感じられます。

なにしろ2人は、結婚から4年経った今も本当にラブラブ。公務のときは、意識して仲良しぶりをアピールすることもできるかもしれません。でもたとえば、ロンドン・オリンピックやウィンブルドン、はたまたラグビーのワールドカップなどのスポーツ観戦中、いわば素が出る状況でも同じ。気がつけば見つめ合って、まるで2人だけの世界のようになっていることもしばしば。ウォッチャーとしてそんな2人を見続けてきた私は、やっぱりキャサリン妃は、大好きなウィリアム王子にいつまでも女性として見てもらい、愛されていたいと思っているのだろう、そう感じるのです。

だからでしょうか。オフのときだって、カジュアルでもボディラインを生かしたものを選び、女性らしさを忘れないように心がけているように見えます。

キャサリン妃がどんなにセクシーさを意識したファッションを着ても、下品な印象にならないのは（たまに女王からは叱られることもあるようですが……）、そういう彼女の根底にあるマインドが影響しているのではないでしょうか。不特定多数のためにセクシーであろうとすると、下品だったり、不潔だったり、色気過剰になりがちですが、キャサリン妃のセクシーさにはちゃんとエレガンスがあります。つくづくファッションは生き方、なのです。

女でいることを忘れないのは大切な人のため。キャサリン妃のその意識、私たちもぜひお手本にしたいものです！

言い寄ってくる男性になびかず、いい人には自分から告白する

ウィリアム王子が若い頃からモテモテだったことは有名ですが、キャサリン妃だって

昔から、なかなかにモテる女性でした。思春期を過ごしたマールボロ・カレッジでも、ウィリアム王子と出会ったセント・アンドリュース大学でも、彼女に言い寄る男性は結構いたそうです。

でも、ウィリアム王子とつきあい始める前、キャサリン妃が交際した男性は限りなく少なかったといわれています。というのもキャサリン妃、たとえフリーのときでも、言い寄られたからといってつきあわず、それよりも、自分がいいわ、と思った人には自分から告白できるタイプ。10歳のとき、演劇が好きで、『マイ・フェア・レディ』の主役を演じることになった彼女は、相手役の男の子が好きになり、交際を申し込んで断られた！　というエピソードが残っているくらいです。どうやら相手の少年のほうが、緊張してしまったそうです。

よく、彼が途切れない女性は、自分は好きでなくても告白されたらつきあってしまう、といいますが、キャサリン妃はそれとは真逆のタイプ。でも結果として、だからこそ、理想の男性を射止めることができたといえます。

なんといっても、もともと彼女は、爽やかでスポーツができる、やさしくて荒々しいところが一つもない、「ウィリアム王子のような人」が好みのタイプ。16歳の頃、マールボロ・カレッジで初めて友人になった女性に、「彼は絶対やさしい人だわ、見ればわかるもの」と話していたことがあるそうですから！　あっぱれです。ファッションのみならず、男性の審美眼も確かなようです。

何気ないペアルックで夫婦円満に！

ウィリアム王子とキャサリン妃、２人で公務に登場してくるたびに、私が楽しみにしているのが、２人で並んだときのファッションチェックです。もちろんおしゃれ上級者のキャサリン妃なので、あからさまなペアルックはしませんが、色を微妙なところで合わせたり、トータルのニュアンスを揃えたりと、何気なく合わせたコーディネートがとっても上手く、それによってさり気ないけれど明らかに、２人はカップルという世界観をちゃんと作り上げています。

そうすることで、より仲が良さそうに見えるため、この何気ないペアルック作戦は、私たち最近ちょっとどうだろう、というカップルにもおすすめ！　服装から夫婦円満を引き寄せることもできるからです。

とはいえこの夫婦は、もともと仲良しさんなので、夫婦円満を強化する必要もないと思いますが（笑）。

パートナーを自分の好みに変えようとしない

キャサリン妃がウィリアム王子に仕掛ける何気ないペアルックから、学べることはもう一つあります。

実は、ウィリアム王子、決して服が大好きな人ではありません。とってもおしゃれなチャールズ皇太子を父に持ちながら（持ったせいかも？）、彼は洋服にはさほど興味がなく、たぶんダサいといわれても気にしないタイプ。普通に清潔感のある装いならそれで十分という、まさに今流行のノームコアの代表のような男性です。

だから、あまりにやりすぎたペアルックや、ペアでなくても、ふだんはしないようなおしゃれなスタイルに変えてしまうと、王子は本来の自分とはかけ離れて、居心地悪く感じてしまうタイプでしょう。だからキャサリン妃は、ウィリアム王子がベースとしている普通が好き、というところは変えず、本人が嫌じゃない程度にたとえば色などを変えるとか、さり気なく、うまーく変えているんです。

テレビの企画で、ダサいご主人を別人のようにダンディなスタイリングで変身させるといったものがありますが、そんなことをしたら、ウィリアム王子の人格まで否定してしまうようなもの。でも、キャサリン妃流の何気ないペアルックなら、王子のプライドを傷つけることなく、王子の外見の評価も上がって、いうことなしではないでしょうか。

相手を無理に変えようとはせず、抵抗のない範囲で変えてあげることで相手を進化させる。キャサリン妃の賢さはこんなところにも表れています。そして、これはファッションに限ったことではありません。もし、自分のパートナーに何か気になるところがあったとしたら、この方法はとっても参考になるはずです。

憧れの人に選ばれる方法

見事理想のタイプ、ウィリアム王子との交際にこぎつけたキャサリン妃ですが、9年に及ぶ交際期間は、待ちの連続でした。なにせ相手は未来の英国王という超お坊ちゃま。関係は良好でも、キャサリン妃はひたすら待つ側だったからです。

たとえば交際がスタートして2年目の頃。キャサリン妃としては、少しでも彼と親密になり、チャールズ皇太子やヘンリー王子と仲良く話し、王室一家に受け入れられている自分をアピールしたい時期でした。ところがウィリアム王子はといえば、ダイアナ妃もお気に入りだったナイトクラブで酔っぱらい、その勢いで、「僕はまだ22歳、この年で結婚は早すぎる。少なくとも28歳、できれば30歳まではしたくないな」なんて記者にぽろっと言っちゃう、やや天然なところがあります。

さらにウィリアム王子は、大学卒業後、サンドハースト陸軍士官学校に進み、軍人としてのキャリアを積んでいくことになり、王族としての公務も増えます。学生時代とは異なり、彼の最優先事項は公務と軍務という生活が始まりました。

片やキャサリン妃は、卒業後すぐには定職に就くことはなく、実家とロンドンのフラットを行き来して社交にいそしみ、王子が時間が出来たときにだけ会えるのを待つ、という生活に。そんな状態を揶揄されて、タブロイドに〝Waity Katy（待ちぼうけのケイト）〟、なんて書かれる始末です。

また、バケーションで海外旅行に行っても、必ず王子の友人たちがガードのように一緒に同行するグループ旅行ばかり。誕生日だって2人きりで祝ってもらえることは滅多になかったのです。

憧れのプリンスとつきあうのは大変、女性のほうが我慢しなければいけないことだらけなんです。

そんな状況でも9年間、ひたすらウィリアム王子を一途に愛したキャサリン妃。初期のように、ただ待ち続けるだけだったら、2007年4月の破局が本当の破局になっていたかもしれません。というのも、そのときの破局の原因は、将来の約束を待っていた彼女に対し、王子はプロポーズを強要されているように感じていて、互いの求めるものが違うことに気がついた、ということだったからです。

でも、破局をきっかけに、キャサリン妃は初めて、自分の人生をエンジョイするという、新たなる人生の歩み方を見つけます。破局から2カ月でめでたく復活愛、となった後も、もう〝待ちぼうけのケイト〟には戻りませんでした。ウィリアム王子を支えながらも、慈善事業に積極的に携わるようになって、自分の役割に喜びを見つけます。王子に対しての一途な愛情は変わらないけれど、彼のために生きることだけが人生ではないと気がついたことで、王子は逆に彼女の価値に気がつき、今まで以上に彼女に夢中になっていったのです。

婚約会見でウィリアム王子は、「結局僕たちは、いろいろを経て、お互いを選んだ」と話しています。かつて待つ側と待たされる側、選ばれる側と選ぶ側だった2人の関係は、いつしか完全に対等になっていました。

現代のシンデレラは、王子様が探してくれるのを待っているだけではだめ。大物男性ほど、自分の人生を生きている女性を魅力的と思うものなのです。

社会の中で自分の役割を見出す

欧米には、〝ノブリス・オブリージュ〟という精神があります。もともとは、厳然たる階級の存在した社会において、〝王侯貴族などの高貴な身分には、国家の危機に対し私財をなげうって国を守り、身を挺《てい》して国のために戦う義務が伴う〟という意味。今はもっと広く、社会的に成功し、財をなした者は慈善活動を行うことで、社会に貢献すべき、というような意味で使われています。

キャサリン妃の場合は2007年、ウィリアム王子との一時的な破局を経て交際復活後、慈善活動に精を出すようになりました。あるときは、奇抜なローラー・ディスコ・ファッションでチャリティ・イベントに登場し、未来の王妃候補としていかがなものか、と批判を受けるも、それによって、そのチャリティ活動への一般の関心は大いに高まりました。そうした成功で、より自分の活動を広げたくなったキャサリン妃は、当時勤めていたアパレル会社ジグソーに辞表を提出。数カ月間、表に出るのはチャリティ・イベントのみ、ということもありました。

中流家庭出身のキャサリン妃ですが、8歳からブラウニーに入り、リーダー格として活躍するなど、慈善活動に対する精神はもともと旺盛だったといえます。それが、プリンスと交際をするようになり、自分がチャリティ・パーティに出ることでお金が集まり、成功に寄与。自分の存在が人々のためになると認識。それこそが自分の役割であることを、明確に自覚するようになったといえます。

日本では未だに、チャリティ活動をすると偽善者のようにいわれたりします。でも、自分が興味のあることをすることが人のためになるなら、周りの声は気にしなくていい。

必要の存在価値を実感した後のキャサリン妃の進化が、そのことを教えてくれるように思います。

愛される女性は隙を見せる

人前で、プリンセスらしからぬ失敗を、結構してしまうのがキャサリン妃。

いつも颯爽《さっそう》と履いているハイヒールのかかとを空気口にひっかけてしまったり。風でスカートがふわっと舞い上がってあわや太ももが露わ！　となったり。指に絆創膏《ばんそうこう》をしたまま公務に出て、撮られた写真をよく見ると、それが明らかに何日か経って古くなった感じのものだったこともありました！　最近では、シャーロット王女に被せた帽子が後ろ前だった、などということもありましたね（しかも出産後のお披露目のときに……）。

まあ、失敗というよりうっかりという程度ではありますが、そんなふうに〝やっちゃった〟場合、たいていは笑ってやり過ごしています。スピーチをつっかえてしまうこともありますが、決して「あ」と青くなることはなく、笑顔で「間違うこともあるよね、人間だもの」という感じ。おおらかですね、キャサリン妃。

なにしろ彼女、自分でメイクしたロイヤルウエディングの顔について、後に、「あのときのメイクは失敗だったわ（笑）」とかるーく言っちゃうくらいの人物。一般人の私たちだって、一生に一度の晴れ舞台でメイクを失敗したと思ったら、一生悔やんでも悔やみきれないはずなのに。そういうおおらかさがチャーミングに映り、愛されるのです。

キャサリン妃には、プリンセスだからといって、完璧でなければ！　という気負いがありません。そのとき、そのとき、精一杯頑張るけれど、完璧じゃなければいけないとは思っていないと思います。失敗したとしたら、起こったことをくよくよしても仕方ない、前向きにいこう、そんな気持ちなのではないでしょうか。負のことも笑いに変えられるんですね。彼女の性格だけではなく、英国ならではのユーモアのセンスも影響していると思いますが。でもそういうところもキャサリン妃の大きな魅力、人気の秘密だと思います。

思えば日本人は生真面目すぎて、完璧が当たり前になっている傾向にあります。

完璧じゃなくていい！　むしろ完璧すぎない、ときどき失敗してしまうぐらいの隙があるほうが愛される。そう考えたら、楽になるのではないでしょうか。

ベタを恥ずかしがらない

第1章で、キャサリン妃は流行を追わない、と言いました。でも、キャサリン妃だってちゃんと、流行っているものは好きです。流行っているもの、というより皆の大好きな〝ベタ（ど真ん中）〟なもの、と言うほうが適切かもしれません。

世界中で大ヒットした英国発のドラマ『ダウントン・アビー』。キャサリン妃も大ファンで、スタジオ見学にも行っています。ウィリアム王子と2人、プライベートで観に行った映画は『アベンジャーズ』でした。

日本だと、おしゃれな人は、ベタな趣味は恥ずかしいと考えがち。もっとひねりの利いたものを選びそうですが、そこはかなり王道路線、ド直球を行くのがキャサリン妃。

そういえば、2014年のクリスマスに発表されたジョージ王子の写真。王子に着せていたベストの柄はなんと、バッキンガム宮殿の近衛兵！　ロンドンっ子だったら恥ずかしくてとても着られない、街の土産物店（ごめんなさい！）で見るような柄ですが、堂々と着せて、結果、即完売の大人気商品にしてしまいました。未来の英国王妃、キャサリン妃がやることで、自国への誇りを感じさせるところが強みです。

『ダウントン・アビー』も、キャサリン妃が好きだと言ったことが、アメリカでの大ヒットにつながったとか。

ベタを敬遠するあまり、誰も知らないようなマニアックな趣味に走るより（本当に好きならもちろんお好きに！　なのですが）、わかりやすい、ベタなもの好きを堂々と公言できる人のほうがすがすがしくてクール。そんなふうに思いませんか⁉

難しい人と上手くつきあうには、相手が大切にしているものを見極める

実はキャサリン妃、ときどき、エリザベス女王からお叱りを受けます。主にはファッション面。スカート丈が短すぎる。スカートの裾に重りをつけていない（風でめくれないよう、女王をはじめ、お歴々は皆さん、スカートの裾に重りをつけています）。髪をきちんとまとめなさい！　などなど。

それに加え、子育てを優先しすぎて公務が疎《おろそ》か。出産後はすぐ公務に復帰しなさい！といったようなお叱りもあったとか。

さて英国の頂点に君臨する女王に叱られたら、キャサリン妃はどうするでしょう？

公務に関してはさすがに言うことを聞いて、対応しています。が、ファッションや子育てに関しては、これが結構聞き流して（！）いるのです、キャサリン妃ったら。

英国王室という大変なところにお嫁入りしたのだから、郷に入れば郷に従え、ではなく、自分流を貫くところは貫いています。

では、なぜそれでも女王に許されているのか、といえば、彼女は国民に人気があるからです。

エリザベス女王にとって最も大事なのは国民です。21歳の誕生日に、国民に向けて「全生涯を英連邦に捧げる」と誓い、25歳で即位して以来、国の母としてひたすら仕えてきました。

キャサリン妃が国民から圧倒的に支持されている限り、そして、彼女によって王室全体の人気もアップしている限り、多少、ファッションに不満があっても、国民をないがしろにしない限りは目をつぶる、というのが女王のスタンスなのでしょう。

キャサリン妃もそれがわかっているから、エリザベス女王にとっての核となる国民の人気を落とすような振る舞いは、まず、しません。使い分けている、というと聞こえはあまりよろしくありませんが、自己流を貫くところと従うところを上手に使い分けています。女王の核をしっかり見極めているキャサリン妃はやっぱり賢いと思います。

私たちも、会社の上司であったり、結婚した相手の親であったり、どうしてもこの人とは上手くやらなければいけない、という存在がたいていいるものです。そんなとき、そういう相手がいちばん大切にしている核を見極めて、なにはともあれその部分についでは努力することです。そうすれば、何でも従わなくとも、それなりに自由も獲得できるはず。キャサリン妃を見ていて、そう気づかされました。

運は、行動する人に引き寄せられる

学生時代から、常に自分の信念に基づいて行動をしてきたキャサリン妃。他人がこうしているから自分も、ということはキャサリン妃にはありません。どんなときも、自分が何をしたいのか、どうありたいのか、自分は人からどう見られたいのか、ということを意識。人生設計もすべて自分で描き、そして描いた通りになっています。

その強い思いが運を呼んで、結果思い通りになっているのですが、それはやはり、ちゃんと努力をしているから。ただ運がいいだけでも、ただ願っているだけでもありません。

今や押しも押されもせぬファッションアイコンのキャサリン妃ですが、子どもの頃は髪もぼさぼさ、どちらかというと野暮ったいくらいの女の子でした。

そんな女の子が、14歳のとき、名門パブリックスクール、マールボロ・カレッジに入学。庶民から上流階級の世界への扉を開けます。上流階級の子女ばかりの中に入って気後れし、入学当初はホームシックに。それでも中流階級ならではの勤勉さや、子どもの頃から得意なスポーツで活躍し、着実に学校生活に馴染んでいくのですが。

マールボロ・カレッジに入って2年目の夏休み明け、キャサリン妃は、突如あか抜けて女子寮に戻ってきて、周囲を驚かせます。実は、自己改善を決意したキャサリン妃。夏期休暇を利用し、母親に手伝ってもらいながら、上品で洗練された、女性らしい外見の女性へと生まれ変わったのです。とはいえ、ブランド物の洋服を買ったとか高額なお金をかけたわけではなく、ぼさぼさだった髪をお手入れし、洋服も当時の上流の友人たちと同じようなカジュアルなスタイルに変えただけ。ただ、センスを磨く努力をしたのです。

女性は、少しでも自分がキレイだと気がつくと、自信が生まれて、どんどんキレイになっていくもの。そして自分を好きになることで行動力が増し、ますます思い通りの道を進んでいくようになるものです。キャサリン妃はまさに、それを地で行きました。夏休みにキレイになって自信を持ったところに、持ち前の勤勉さはそのままですから、その学期の終わりには、生徒代表の監督生に選ばれるまでにステップアップするのです。上流階級の子女の世界に入って数年で、その中の代表になり、上流の中の上流、ウィリアム王子を取り巻くグループに近づく切符を手に入れてしまいました（ちなみにウィリアム王子もイートン校で監督生に選ばれています）！

願えば叶う、とはよくいいますが、本当は願っただけで叶うわけではありません。願って動くから叶う、運は行動する人に引き寄せられるのだということ。キャサリン妃のシンデレラストーリーはそのことをしっかり、教えてくれます。

かくいう私は、4年前、思い切って王室御用達（スマイソン）の大きな手帳を買いました。当時は仕事が少ないときでしたが、でもその手帳が仕事の予定でいっぱい埋まる、そんな自分をイメージしてのこと。すると不思議なことに、気がつけばその年が終わる頃には、実際そうなっていました。手帳を買う、そんな小さなことでも、まずは行動するって大切。改めてそう思うのです。

自分大好き上等！

キャサリン妃の性格の大前提として、人のことよりまず自分が好き、というのがあります。これはナルシスト、自己中心的、というのとはちょっと違います。

これは、キャサリン妃を見ていて、そして英国の〝褒めて伸ばす〟価値観を知るにつけ（紳士淑女の国、イギリスは、直接的な言い方よりも婉曲《えんきょく》表現を好むとともに、とにかく褒めます。何かしら長所を見つけて褒めてくれます。ただし、そのまま受け取ると自分は天才と勘違いするほどのレベルなので要注意！）、感じたことです。両親にしっかりたっぷり愛を伝えられ、褒められて育った人というのは、当たり前のように自分が好きでいられます。そして良い意味で常に自分に自信を持てるから、結果、人にもやさしくできるという好循環があるのです。

私の場合、自信のなさを克服できたのは、何を隠そうファッションとキャサリン妃のおかげなのです。葛藤《かっとう》と躊躇《ちゅうちょ》とともに始めた、ファッション自撮り。それを毎日ブログに投稿するのは、最初はとても勇気がいりましたが、それをきっかけに少しずつ自分を好きになることができました。まずは好きな分野から自信をつける。その自信は自己肯定や満足感につながるのだと思います。

自分が好きと堂々と言えるって素敵なことです。

おわりに

キャサリン妃がロイヤルメンバーとなって、4年が過ぎました。気がつけば彼女の変化とともに、私の人生までも劇的に変わっていました。

始まりは、プライベートで気楽に、キャサリン妃のファッションを記録し、公開し始めたブログ。それらをまとめて手作りしたスタイルブックがどんどん溜《た》まるうちに(今では計6冊になっています!)、雑誌『25ans』(ハースト婦人画報社)でキャサリン妃にまつわる仕事をいただくようになりました。さらに2013年5月、『25ans』のオンラインでコラム執筆のお仕事をスタートしてからは、ほぼ毎日、キャサリン妃についで書く日々を送っています。いつしか自他ともに認める(!?)王室ウォッチャーになり、遂に、この本を出すまでになっていたのですから、本当に大きな変化です。

そんな私の日課は、英国王室のホームページや英国の新聞のオンライン記事、英・米のゴシップ記事などを6時間かけてチェックすることです。イギリスに飛んで、キャサリン妃について貪欲《どんよく》に取材をしたこともありました。ロイヤルベビー誕生の時期には、ロンドンの病院前でTV取材したことも！　この本は、4年間、何百時間にもわたってひたすらリサーチを続けたからこそのものです。

そしてこの本を出版するにあたり改めて思ったことは、今の女性が求めるプリンセス像というものが、おとぎ話の中のプリンセス像から変化しているということ。現代のプリンセスは、夢物語の中に住む、手が届かないお姫様ではありません。プリンセスもリアルな世界に住み、私たちと同じように自分で買った服でコーディネイトをし、子育てをしながら仕事をこなしています。それでいてもちろん美しい――そんなパーフェクトだけどリアルな女性が理想であり、キャサリン妃はまさにそんな時代を象徴するプリンセスだったのです。

キャサリン妃の生き方を見ていると、目標を持って頑張れば、なりたい自分に絶対なれる、パレスに住んでいなくても自分なりのプリンセスになれる！　ということを実感します。お隣の殿方は、ウィリアム王子のような高身長のイケメンでも、未来の王様でもないかもしれないけれど、プリンスのような男性に仕上げるのも私たち女性、プリンセスの腕次第。何より、国民からのクレームが終始ないだけ、キャサリン妃よりずっと楽ですね（笑）。

皆様にとってこの本が、日々の生活の中で少しでもプラスとなるハッピーな要素となるならば、これほど嬉しいことはありません。そして私が愛してやまない英国と、昼ドラよりも興味が尽きないキャサリン妃を含めた英国王室について、何かしら興味を持っていただくきっかけになってもらえたら、なお嬉しいです！

最後に、不器用な私のキャラクターや意図を汲み取ってまとめてくださったライターの柏原美保さん。この方なくしてこの本は完成しませんでした。また急なお願いにもかかわらず、楽しみながら、素敵なイラストを描いてくださったイラストレーターの今枝紀子さん、そして、常に冷静かつ新鮮な視点でアドバイスをし続けてくださった幻冬舎の伊東朋夏さんに、心より御礼を申し上げます。

ブックデザイン
アルビレオ
イラスト
今枝紀子
構成
柏原美保
写真
Getty Images
（p.79のみ Splash / Aflo）

にしぐち瑞穂
Mizuho Nishiguchi

英国王室キャサリン妃研究家、コラムニスト、スタイリスト。スタイリストとして20年以上のキャリアを持ち、初渡英でロンドンに魅了されそのまま移住。帰国後、スタイリスト業の傍ら、キャサリン妃のリサーチを毎日休むことなく続け、ファッション誌『25ans』(ハースト婦人画報社)でコラムを連載し、同誌の臨時増刊号『キャサリン妃　ロイヤル・ライフのすべて』を一部監修。2013年5月からは『25ans』のwebサイトにてキャサリン妃や英国王室についての記事を週4日更新している。その他コラム執筆、TV出演、イベントでのトークショーや、英国関連ショップのディレクションなど、ファッション・英国・キャサリン妃関連で幅広く活躍中。

幸せを引き寄せる
キャサリン妃着こなしルール

2015年11月25日　第1刷発行

著者　にしぐち瑞穂
発行者　見城 徹
発行所　株式会社 幻冬舎
〒151-0051 東京都渋谷区千駄ヶ谷4-9-7
電話 03(5411)6211(編集)　03(5411)6222(営業)
振替 00120-8-767643
印刷・製本所　図書印刷株式会社

ISBN978-4-344-02858-6 C0095
幻冬舎ホームページアドレス　http://www.gentosha.co.jp/

この本に関するご意見・ご感想をメールでお寄せいただく場合は、
comment@gentosha.co.jpまで。